KB218696

싱글 라이프

싱글 라이프

초판 1쇄 발행 | 2019년 3월 29일

지은이 | 심경미
펴낸이 | 이한민
펴낸곳 | 아르카

등록번호 | 제307-2017-18호
등록일자 | 2017년 3월 22일
주　소 | 서울 성북구 숭인로2길 61 길음동부센트레빌 106-1805
전　화 | 010-9510-7383
이메일 | arca_pub@naver.com

홈페이지 | www.arca.kr
블로그 | arca_pub.blog.me
페이스북 | fb.me/ARCApulishing

ⓒ 심경미, 저자와의 협약으로 인지는 생략되었습니다.
이 출판물은 저작권법에 의해 보호받는 저작물이므로 무단 전재와 무단 복제를 할 수 없습니다.
이 책 내용의 일부 또는 전부를 재사용하려면 반드시 저자와 출판사의 동의를 얻어야 합니다.
잘못 만들어진 책은 구입하신 서점에서 교환해 드립니다.

책　값 | 뒤표지에 있습니다
ISBN | 979-11-89393-05-2 03230

아르카ARCA는 기독출판사이며 방주ARK의 라틴어입니다(창 6:15).
네가 만들 방주는 이러하니 … 새가 그 종류대로, 가축이 그 종류대로,
땅에 기는 모든 것이 그 종류대로 각기 둘씩 네게로 나아오리니 그 생명을 보존하게 하라 _창 6:15,20

함께 상큼해지는 교회 싱글 이야기

싱글 라이프

심경미 지음

아르카

single life

한국교회가 꼭 알아야 할 '싱글 라이프'의 현실과 대안, 이 책 하나로 로드맵이 쫙 그려진다.

저자는 자신의 실존적 질문을 개인적 고민거리에 머물게 하지 않고 오랜 시간 곱씹으며 공부와 경험의 폭을 넓혀왔다. 이 주제로 대학원 논문을 썼고, 목사가 되어 다양한 회중들을 만나왔고, 그 속에서 싱글들이 겪어가는 사건과 맥락을 폭넓게 포착해 놓았다.

비슷한 처지에 있는 싱글들은 글을 읽으며 정곡을 찌르는 지적에 쾌감을 느낄 것이고, 선의로 포장된 무관심으로, 온갖 말과 행동으로 불쾌감을 주었던 주변인들에게는 심심한 반성의 기회가 될 것이다. 무엇보다 사역자들의 싱글 이해 감수성이 업그레이드될 것이다.

행간에 깔린 데이터와 이론적 통찰은 책 후반부의 구체적 처방과 대안까지 잘 이어진다. 이미 폭주하듯 전개되고 있는 한국사회의 싱글 트렌드에 한국교회가 뒤처지지 않기 위해 꼭꼭 씹어 삼켜야 할 필독서가 하나 나왔다.

—양희송
청어람ARMC 대표

최근 우리 사회에서 결혼을 필수가 아닌 선택이라고 생각하는 사람들이 크게 늘고 있다. 이런 생각은 나이가 젊을수록 더욱 강하다. 단순히 생각만이 아니라, 결혼을 미루다가 매우 늦은 나이에 결혼하는 경우가 많아지고 있고, 아예 결혼을 하지 않는 경우도 늘고 있다. 결혼을 전제로 한 '미혼'이 아니라 아예 결혼을 자신의 인생에서 배제하는 '비혼자'들이 크게 늘고 있는 것이다.

기독교인도 마찬가지이다. 대학생 의식조사에서는 기독교인과 비기독교인 사이에서 결혼의사에 대하여 큰 차이가 없다. 이것은 한국 교회에 큰 과제를 던지고 있다. 전통적으로 결혼해서 아이를 많이 낳아 생육하고 번성하는 것이 하나님의 뜻이라고 생각해온 한국교회에 큰 도전이 되기 때문이다.

이 문제에 대한 신학적인 답을 찾는 것도 중요하지만, 더욱 중요한 것은 여러 가지 사정에 의해 결혼하지 않거나 또는 결혼을 할 수 없는 상황에 있는 기독교인들도 똑같은 하나님의 백성이고, 하나님의 형상으로 지음 받은 거룩한 존재라는 사실이다. 그러나 한국교회는 이제까지 이들에게 너무 무관심했다. 무관심하지 않았다면, 잘못된 관심의 표현으로 이들을 더욱 힘들게 하고 상처만 안겨주었다. 여기에서 이 책의 진가를 발견할 수 있다.

심경미 목사는 대학원 시절부터 싱글 여성에게 관심을 가지고 연구를 하고 또한 사역을 해왔다. 여느 목사들처럼 정답을 제시하고 이에 따르기를 윽박지르기보다, 한 마음으로 이들을 품어주고 격려하고 지지해준다. 그리고 편견을 가진 많은 기독교인들의 시선을 바꿀 수 있도록 도와준다.

자신의 편견과 아집을 내려놓고 이 책의 내용을 담담히 읽어 내려가면 이제까지 시야에 들어오지 않았던 귀하고 소중한 지체들이 바로 우리 곁에 있음을 발견하게 될 것이다. 싱글로 살고 있는 기독교인이거나, 이들과 함께 하고자 하는 모든 기독교인과 교회 지도자들은 반드시 일독해야 할 책이다.

— 정재영
실천신학대학원대학교 종교사회학 교수,
21세기교회연구소 소장, 목회사회학연구소 부소장

차례

①

"왜 결혼 안 하니?"
제발 묻지 마세요

②

교회는 싱글에게
관심 없는 건가요?

③
혼자서도 행복해지는
싱글 라이프 사용법

4

독립적인
삶을 예비하세요

⑤
싱글이니까 교회에서
더 행복하기를

정말 열심히 살았어요, 그런데…

어느 더운 여름, 제가 인도하는 싱글 세미나가 끝나자 30대 중반의 여성이 다가왔습니다. 대학에서 박사과정 공부를 하고 있다고 자신을 소개했지요. 그녀는 얼마 전까지만 해도 결혼에 대해 깊이 고민하지 않았다고 합니다. 그러던 어느 날 결혼한 여자 친구의 가족과 함께 여행을 갔는데, 싱글로 살아가는 자신의 모습이 너무 초라하게 느껴졌답니다. 그녀는 제게 고백하듯 말했습니다.

"저는 정말 열심히 공부하고 살아왔어요. 그런데 그날 갑자기 결혼하지 않은 것에 대한 두려움이 엄습했습니다. 내가 이때까지 열심히 공부한 것이 무슨 소용이 있나 하는 생각이 들었고, 실패한 인생이 아닐까 하는 생각까지 들었거든요. 교회에서는 이런 속마음을 드러낼 사람이 전혀 없어 힘들었습니다. 저 자신이 점점 작아지는 것 같고, 신앙까지 흔들립니다."

중대형 규모의 교회 청년부 담당 목사님과 이야기를 나누다 보면 싱글 이야기를 하지 않을 수 없게 됩니다. 요즘 교회에 싱글 청년이 점점 많아지고, 자신의 삶에 대해 고민이 많고 힘들어하는데, 정작 교회는 싱글에 대한 대책도 없고 이렇다 할 조언을 해주기도 참 어렵다는 이야기를 털어놓곤 합니다. 어떤 목사님은 교회에서 거의 매주, 청년부는 몇 살까지 갈 수 있는지 묻는 전화를 받는답니다. 나이는 들어가는데, 앞서 결혼한 또래 집단이나 중년이 되어가는 선배 그룹에 들어가긴 좀 그렇고, 가능하다면 청년부에 남아 있고 싶지만 후배들 눈치가 보이기 때문이겠죠. 사실 진짜 문제는 결혼입니다. '아직' 결혼하지 않은 자신의 처지가 세상에서도 그리 편한 것은 아닌데, 교회에서는 더 노골적으로 불편해지기 때문입니다.

우리나라에서 나이 서른이 넘은 싱글은 자신에 대한 사람들의 관심이 결혼 문제에 쏠리는 것을 부담스러워합니다. 그래서 싱글인 크리스천 중에 자신을 드러내지 않고 조용히 교회 다니기를 선호하는 경우가 많습니다. 동시에 자신과 비슷한 사람들을 만나 교제하고 싶은 욕구도 있습니다. 그래서 싱글들이 대형교회를 선호하기도 합니다. 작은 교회에선 자기 존재가 더 잘 드러나기 때문입니다. 중소형 규모의 교회는 가족 단위로 출석하는 교인이 대부분이고 서로 속속들이 알고 지내는 경우가 많습니다. 그래서 싱글은 교회에서 '결혼 스트레스'에 더 쉽게 노출됩니다.

"결혼 안 하고 뭐 해?"

"남자(여자)가 있어야 하죠."

"열심히 기도해봐. 부모님 걱정시키지 말고 빨리 결혼해. 그게 효도야."

싱글로 사는 사람을 생각해준다고 하는 말일지 모르지만, 매주 교회 나갈 때마다 이런 말을 듣고 답해야 하는 싱글에게는 고문이 따로 없습니다.

저와 친한 30대 중반의 싱글 여성은 최근에 결국 교회를 떠나겠다며 이런 말을 남겼습니다.

"저, 교회 더는 못 다니겠어요. 매번 결혼 이야기를 들으니 너무 힘들어요."

믿음도 있고 정말 당당한 친구였습니다. 하지만 싱글로 사는 시간이 길어지면서, 자신의 결혼에 대한 주변 교인들의 관심이 과하게 느껴지고 무례한 언행에도 지친 것이죠. 싱글들은 영혼의 안식처가 되어야 할 교회 공동체에서 오히려 편견과 소외감에 시달리는 겁니다. 교회 다니는 한 싱글 여성이 항변합니다.

"직장과 인생사로도 피곤한데, 결혼 유무로 차별하고 무례히 굴며 소외시키는 교회에, 내가 왜 꼭 다녀야 하죠?"

싱글이 교회 공동체에서 느끼는 불편함과 소외감을 해결하지 않는다면, 싱글은 점점 교회를 멀리할 것입니다. 앞으로 결혼하지 않은 싱글의 비율은 더 늘어날 것인데, 싱글을 배려하지 않는 문화는 교회에 사람이 줄어드는 주요 이유 중 하나가 될 것입니다.

싱글에게 진정 필요한 조언은 무엇일까요?

2015년 인구 주택 총조사 결과, 일인 가구가 520만 3,000가구로 전체(1,911만 1,000가구)의 27.2퍼센트를 차지해 2인 가구(499만 4,000가구 · 26.1퍼센트), 3인 가구(410만 1,000가구 · 21.5퍼센트), 4인 가구(358만 9,000가구 · 18.8퍼센트)를 제치고 가장 흔한 가구 형태가 됐습니다.

또한 2010년 서울시의 '통계로 본 서울 여성의 삶' 자료에 따르면, 이른바 혼인 연령대(25-39세)의 싱글 여성 비율은 1990년 19.7퍼센트에서 2010년에 48.3퍼센트로 급격히 증가했습니다. 이 추세는 이후 꾸준히 증가하고 있습니다. 불과 10년 전 통계만 보더라도 서울에 사는 25-39세 여성 두 명 중에 한 명은 싱글이라는 것입니다. 이른바, 전통적으로 '결혼 적령기'라고 불리는 연령대의 여성이 그렇다는 말입니다. 그러니 교회에도 싱글이 많아진 것은 당연한 결과입니다.

싱글이 급속히 증가하는 사회적 변화를 반영하여, 비록 늦은 감이 있지만, 몇몇 교회는 청장년 싱글을 위한 모임을 만들고 있습니다. 그럼에도 불구하고, 대부분의 교회가 30-40대 싱글을 여전히 '결혼 대기자'로 취급하는 경향이 많습니다. 그래서 30-40대 싱글 모임에서조차 결혼에 대해 안내하고 '결혼 기도 모임'을 합니다.

물론 싱글에게 결혼에 대한 조언은 필요합니다. 그러나 동시에, 30-40대 싱글은 현재 자신의 삶인 싱글 라이프를 긍정하고, '싱글로 사는 시간을 의미 있고 풍성하게 살기 위해 어떻게 해야 하는지'에 대한 안내도 필요합니다. 그러나 대부분의 교회에서 이 부분에 대해서는 관심이 없거나 소극적입니다. 교회는 결혼과 가정이 하나님이 만드신 절대적인 제도라고 보는 시각이 강해서, 결혼은 독려하지만 싱글 라이프에 대해서는 부정적이기 때문입니다. 이렇게 결혼 중심, 가족 중심 관점으로 운영되는 교회 공동체에서 싱글은 답답해하고 자신의 삶이나 속내를 드러낼 수 없으며, 소속감을 가지기도 어렵습니다. 싱글에 대한 저의 고민과 관심은 이와 같은 교회 상황과 분위기에 대한 불편함, 그리고 싱글인 저 자신의 삶의 자리에서 비롯되었습니다.

교회는 왜 싱글을 배려하지도 존중하지도 않는가?

저는 20대 후반에 인생의 고달픔과 한계를 경험하면서 신앙을 갖게 되었습니다. 그런데 30대에 들어서면서 교회 청년부에 가는 것도, 교회 다니는 것도 부담스러워졌습니다. 아울러 교회 안팎에서 나의 싱글 상태에 대한 막말과 무례함에 화가 났고, 제대로 대응하지 못하는 나 자신에게도 답답했습니다.

의문이 들기 시작했습니다. 도대체 하나님 사랑, 이웃 사랑을 설파하는 교회 공동체에서 왜 싱글을 배려하지도 존중하지도 않는가? 나는 당당하고 자유롭게 신앙생활을 하고 싶었으나, 싱글에 대한 고민과 입장이 정리되지 않으면 사람들의 '결혼 압박'에 계속 스트레스를 받고 밀려날 것 같았습니다. 그래서 싱글에 대한 공부를 시작했고, 대학원에서 싱글에 관한 논문을 썼습니다.

싱글에 대한 공부를 해보니, 싱글로 사는 사람은 이전부터 항상 있었더군요. 싱글 라이프는 모든 사람의 삶의 주기에 다 존재하며, 단지 싱글로 사는 기간이 상대적으로 길고 짧은 것의 차이만 있는 것입니다. 그렇지 않습니까? 말장난처럼 보실지 모르지만, 결혼하지 않은 상태라면 10대 청소년이나 사별한 80대 노인이나 싱글이긴 마찬가지 아닌가요?

사회 변화로 사람들의 삶의 방식이 다양해지면서 싱글은 앞으로 계속 늘어날 것입니다. 싱글로 사는 것이 특별하거나 이상한 일이 더 이상 아니라는 것, 나 혼자만 싱글이 아니고 주변에 싱글이 넘쳐난다는 것 등, 세상에 만연해진 싱글 라이프를 객관적으로 이해하게 되었습니다. 이는 제가 싱글 스트레스로부터 자유하게 되는 데 큰 힘이 되었습니다.

저는 세상의 모든 싱글들, 특히 교회 나오는 싱글들이 현재 싱글의 삶을 즐기고 감사하며, 특히 교회 공동체에서 힘을 얻고 당당하게 활동하기 바랍니다. 그러기 위해서는 변화되고 있는 현대 사회에서 싱글과 싱글 라이프에 대한 이해가 필요합니다. 뿐만 아니라, 싱글을 대하는 교회 공동체의 변화도 필요합니다. 이 책은 이런 소망을 이루기 위한 시도입니다.

이 책의 1부에서는 싱글들이 세상을 살아가면서 부딪치게 되는 문제와 이슈들, 곧 싱글에 대한 수많은 편견과 오해, 그리고 결혼에 대한 고민까지 꺼내보려 합니다.

2부에서는 크리스천이 싱글로 살아가면서 교회에서 경험하는 신학적, 성경적 오해와 교인들의 편견을 극복하는 법 등, 싱글을 힘들게 하는 기존 교회 문화에 대해 다루려 합니다.

3부에서는 결혼 상태에 있지 않은 싱글들이 그 상태의 삶을 있는 그대로 행복하게 보내는 법에 대해 제안하려 합니다.

4부에서는 싱글의 경제와 주거 문제, 건강관리와 노후 대책, 그리고 누구와 더불어 살아갈 것인지까지, 싱글의 실제 생활 이야기를 쓰려 합니다.

끝으로 5부에서는 싱글 친화적인 교회를 기대하는 내용을 담았습니다. 싱글을 배려하는 목회 프로그램과 싱글 리더를 격려하고 양성하는 것들을 제안할 것입니다.

'비혼'보다 '싱글'이라 부르는 이유

이 책에서는 결혼하지 않은 여성을 '싱글 여성'이라 지칭합니다. 1990년대 후반부터 결혼하지 않은 여성을 '미혼'이라고 호칭하는 것에 비판이 일기 시작했고, 여성주의 공동체를 중심으로 '비혼'(比婚)이라는 용어가 사용되기 시작하였습니다.

비혼이라는 용어는 첫째, 결혼을 적극적으로 거부한다는 의미로 쓰이기도 하고, 둘째, 광범위하게 현재 결혼 상태에 있지 않다는 의미로 사용되기도 합니다. 이 경우에는 미혼, 이혼, 사별 여성 등이 '비혼'의 범주에 포함됩니다. 셋째, 결혼을 전제로 아직 결혼하지 않았다는 의미를 가지고 있는 '미혼'(未婚)에 대항하는 용어로 쓰이기도 합니다.

비혼은 이처럼 한 가지로 정의되지 않고 여러 의미로 사용되고 있습니다. 제가 석사 논문[1]에서 비혼 용어를 사용할 때는 비혼에 대한 세 번째 의미, 즉 결혼하지 않은 여성을 독립적 주체로 보지 않으며, 여성의 정체성과 삶을 결혼 중심으로 규정하는 사회적 관점에 저항하는 의미로 사용한 것입니다.

요즘에 비혼이라는 용어가 점점 대중화되고 있는데, '결혼에 대한 적극적인 거부나 결혼하지 않기로 선택했다'는 의미로도 쓰이는 것 같습니다. 비혼 용어 자체의 의미가 다양하고 사용하는 사람도 각자 이해하는 것이 약간씩 달라 그런지, 자신이 어떤 의미에서 비혼 용어를 사용하는지에 대해 잘 인식하고 설명하지 않으면 때로는 본인의 의사와 상관없이 상대방으로부터 오해를 살 수도 있는 것 같습니다.

---

1 심경미, '30~40대 비혼 여성에 관한 연구' 2003, 이화여자대학교 대학원

저는 결혼 상태에 있지 않은 사람을 '비혼'보다 '싱글'(single)이라고 부르기를 개인적으로 선호합니다. 비혼도 어쨌든 결혼과 연관된 단어로서 나의 상태를 표현하기 때문입니다. 저는 제 상태가 결혼과 연관되어, 혹은 비교되어 규정되는 것을 좋아하지 않습니다. 그래서 비혼보다 싱글을 선호합니다. 영어 단어조차 '결혼하지 않은 사람'은 'never married' 혹은 'unmarried'입니다. 이런 단어는 다 결혼과 연관되어 있습니다. 영어인 싱글도 결혼 상태에 있지 않은 사람을 지칭합니다. 그래서 저는 저의 존재와 상태를 싱글이라고 표현하며, 이 책에서도 현재 결혼하지 않은 여성을 지칭할 때 싱글이란 용어를 쓰려고 합니다. 싱글은 외래어이긴 하지만, 결혼과 상관없는 독립적인 존재로서의 나를 표현할 수 있고, 한국어로도 익숙하게 통용되기 때문입니다.

이 책이 나오기까지 처음부터 함께 기획하고 준비해주신 이지혜 선생님께 진심으로 감사드리고, 제가 책을 쓰는 것에 대해 관심을 가지고 항상 저를 격려해주시던 최종건 대표님, 이선근 집사님, 조주영 간사님, 남미연 목사님, 그리고 이 책을 위해 인터뷰에 참여해주신 여러 싱글 여성들께 감사합니다. 아울러 사랑과 기도로 저를 격려해주신 주위 친구들과 신당중앙교회 정영태 담임목사님, 장로님들, 교우들에게도 감사합니다.

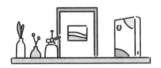

그렇다. 사람들은 남에게 별 관심이 없다.

그냥 할 말이 없으니 그런 뻔한 질문들을 던질 뿐이다.

오랜만에 만난 사람들이 취직했냐, 결혼 안 하느냐 묻는 것도

사실은 아무 관심도 없기 때문이다.

_김영하

"왜 결혼 안 하니?"
제발 묻지 마세요

1장

싱글로 사는 이유

설명해야 하나요?

눈앞에 있는 사람이 여자라는 걸 뻔히 알 수 있는데,

그 사람한테 '왜 여자예요?'라고 물어보면 기분 좋겠어요? 그거랑 똑같아요.

싱글인 줄 알면서 왜 자꾸 싱글로 사느냐고 물어보면 짜증나죠.

멀쩡한데,
왜 싱글이래?

오랜만에 전화를 걸어온 친구가 다짜고짜 남자 이야기를 들려줍니다.

"내 주변에 남자 하나 있는데, 정말 사람 괜찮고 멀쩡해. 마흔다섯이라네. 그런데, 글쎄, 싱글이라네! 세상에! 왜 결혼 안 했을까?"

그 친구가 하는 이야기를 그저 들어주며, 저는 속으로 투덜댔습니다.

'멀쩡한 사람은 싱글로 있으면 안 되니? 왜 꼭 멀쩡한데 싱글이라고 말하니? 이런 친구한테 뭐라고 얘기해줘야 하니?'

어떤 분은 저와 친한 여자 동생 이야기를 꺼냈습니다. 그 동생, 물론 싱글입니다.

"그 친구 예쁘고, 성격도 좋고, 주변 사람들도 다 칭찬하던데, 결혼은 왜 안 했을까? 진짜 아깝다…."

그러더니, 나를 슬쩍 쳐다보며 따지듯 묻는 겁니다.

"혹시 그 친구, 네 영향 받고 싱글로 사는 거 아니니?"

그냥 '너 때문이잖아'라고 말씀하시지….

사실 제 영향이 아주 없진 않습니다. 제가 자유롭게 잘 사는 모습을 자주 보면서, 그 친구도 자신이 혼자 사는 걸 편안하게 생각하고 자기 방식의 삶을 사는 것이죠. 이 세상에 나만 혼자 사는 것도 아니고, 지금 세상엔 싱글이 유난히 많고, 갈수록 점점 많아진다는 사실을 안다는 게 솔직히 큰 힘이 되거든요.

질문한 분께 이렇게 대꾸했습니다.

"맞아요. 그 친구, 꽤 괜찮은 친구예요. 아주 괜찮아요. 소위 말하는 화려한 싱글이죠. 미모에, 좋은 직장에, 본인도 별로 아쉬운 게 없죠. 그리고, 저도 아주 괜찮은 사람인데요!"

그랬더니, 이분이 1초도 안 기다리고 이런 말을 덧붙입니다.

"그런데, 그러니까 왜 결혼 안 하느냐고?! 아깝네, 아까워!"

'뭐가, 왜 아깝다는 거죠? 괜찮은 사람은 다 결혼해야 하고, 혼자 살면 안 된다는 말인가요?'

저는 0.1초도 안 기다리고 이렇게 쏘아붙이고 싶었지만, 참았습니다. 제 생각은 이렇기 때문입니다.

'나는 혼자 살면서 내게 주신 하나님의 넘치는 은혜와 선물과 삶의 자유에 감사하고 있다. '내 은혜가 네게 족하다'는 말씀에 나는 아멘이다. 나는 하나님이 지금 내게 주신 삶을 행복하게 누리고 있다.'

신앙인의 삶의 자세는 하나님이 각자에게 주신 삶에 감사하며, 누리면서 사는 것이 아닌가요? 이제 우리에겐 이런 식으로, 싱글에 대해서도 생각의 전환이 필요합니다.

나는 그 분께 내 속마음을 터놓는 대신, "그럼 좋은 사람 있으면 데려오셔요"라고 말했습니다. 그랬더니 그분이 반색했습니다.

026
027

"진짜? 정말이야?"

저는 "네!" 하고 자신있게 대답했습니다. 그랬더니 그 분은 한발 물러서는 눈치였고, 그 뒤로 제게 더 이상 결혼 이야기를 하지 않습니다. 막상 그런 사람 데려오려니, 주변에 마땅한 사람이 없나 봅니다.

저는 사람들이 제게 "왜 결혼 안 하느냐? 눈이 높아서 그러는 거 아니냐?" 하고 물으면 아예 이렇게 답해줍니다.

"네, 저 눈이 아주 높습니다. 그러니 제 눈에 찰 정도로 괜찮은 사람 있으면 데려오십시오."

이러면 조금 전의 그 분처럼 다들 꽁무니를 뺍니다. 제게 대책 없는 말을 해놓고 보니, 할 수 있는 일이 사실 없는 것이죠. 우리가 누구에게 말을 할 때 진짜로 그 상대를 배려해서 하는 말인지, 그냥 생색내듯 던지는 말인지 생각하고 말하면 좋겠다 싶습니다.

싱글로 사는 이유,
왜 설명해야 하죠?

좌우간, 이 세상에서 싱글로 살아가기란 쉽지 않습니다. 우리나라에서는 특히 그렇습니다. 한국인 싱글 여성에게 싱글로 살아가는 삶이 어떠냐고 물으면 다들 "쉽지 않아요!" 하는 답이 돌아옵니다. "좋은 소식 언제 들려줄 거야?"를 첫 번째 안부 인사로 듣는 삶, 어딘가 부족해서 혼자 사는 거라는 편견으로 싱글을 보는 건 일상에서 경험해온 제 삶이기도 합니다.

싱글 자체가 완성된 삶이 아니라 아직 풀어야 할 숙제가 있는 삶으로 보는 시선이 우리 사회에 존재합니다. 그래서 싱글은 싱글로 살아가고 있는 이유를 설명해야 하는 상황에 항상 처합니다. 그러나 막상 제가 저의 삶을 설명하려고 하면, 좁게는 결혼관부터 넓게는 인생관까지 말하려 하면, 제대로 설명할 자리조차 허락되지 않습니다.

34세 대학원생 은희 씨도 저처럼 답답한 심정을 털어놓았습니다.

"싱글의 이야기를 들을 만한 마음의 여유가 없는 사회, 모든 여성을 결혼할 여성으로 가정하고 보는 게 한국 사회인 것 같습니다."

IT 기업에서 일하고 있는 42세 미나 씨는 좀 길게 하소연합니다.

"한국에서 싱글로 사는 것은 완전 힘들어요. 바깥에 나오지 않고 혼자 집에서 조용히 살면 그나마 괜찮아요. 하지만 사회활동을 하려면 내가 왜 싱글인지에 대해 사람들한테 끊임없이 증명해야 해요. 처음부터 그러진 못하지만, 사생활을 물을 수 있는 사이가 되면 끊임없이 왜 혼자 사느냐고 물어요. 제가 다니는 회사에도 싱글이 많지만, 다들 저보다 훨씬 어립니다. 그래서인지 다들 제 나이 정도면 벌써 결혼했어야 한다고 생각하나 봐요. 제가 싱글로 사는 걸 인정 못하는 거죠. 그래서 주변 사람들이 내가 왜 싱글인지 온전히 인식할 때까지 끊임없이 나의 존재 증명을 해야 합니다. 사람들이 혼기가 되었다고 생각되는 사람한테는 끊임없이 결혼에 대해, 그리고 왜 싱글인지에 대해 물어보거든요. 그렇게 묻는 사람들에게 매번 대답하는 것도 이젠 정말 귀찮아요. 생각해보세요! 눈앞에 있는 사람이 여자라는 걸 뻔히 알 수 있는데, 그 사람한테 '왜 여자예요?'라고 물어보면 기분 좋겠어요? 그거랑 똑같아요. 싱글인 줄 알면서 왜 자꾸 싱글로 사느냐고 물어보면 짜증나죠. 다른 사람의 호기심을 충족시키기 위해 내가 내 존재를 설명해야 한다는 건 정말 싫어요. 나는 결혼한 상대에게 왜 결혼했느냐고 묻기는커녕, 그 사람의 결혼 여부에 관심도 없는데 말이에요. 그런데 왜 나한테는 끊임없이 싱글로 살고 있냐고 물어보며 저의 상태를 '체크'하는 거죠? 사람들은 나를 보면 내가 싱글이라는 생각밖에 안 나는 것 같아요. 직장에서 이런 일을 1년 내내 당한다고 생각해보세요. 진짜 피곤해요!"

미나 씨는 결국 헛웃음을 지었고, 주변 사람들의 과도한 관심에 여전히 부담감을 느낍니다.

결혼한 이유는
설명할 필요 없는데

결혼한 사람들은 자신이 왜 결혼했는지에 대해 다른 사람에게 설명하지 않습니다. 세상이 당연한(?) 일로 여기기 때문입니다. 그러나 사람들은 결혼 상태에 있지 않은 사람을 보면 왜 결혼하지 않았는지 궁금해 하고, 결혼하지 않고 사는 이유에 대해 설명을 요구합니다. 하지만 나와 별 상관없는 사람들에게까지 내가 결혼하지 않은 이유(그런 이유라는 게 있긴 하다면 말입니다)를 설명해야 할까요?

결혼하지 않은 사람을 보면 자신과 다를 수 있음을 존중하기보다, 자신들과 다른 상태로 사는 사람에 대한 과도한 관심을 넘어서서 오히려 불편하게 압박을 가하는 것이 현실입니다. 어떤 사람은 심지어 싱글에게 "싱글로 살기로 작정했냐?"고 묻습니다. (사람들이 왜 그리 다른 사람의 결혼에 관심이 많은지 저는 여전히 모르겠습니다.) 만약 이런 질문에 답하기 귀찮다고 "평생 싱글로 살기로 작정했다"고 답해버리면 정말 골치 아픈 일이 발생할 수 있습니다. 어떤 사람은 그런 대답을 듣자마자 잽싸게 달려들 것입니다.

"결혼은 꼭 해야 한다, 너."

"나이 들면 외롭고 힘들다, 너."

싱글로 사는 데 전혀 도움이 안 되는 훈수를 마구 들이대는 것입니다. 결혼을 독촉당하는 것이지요.

사실 사람들은 자신의 문제가 아닌 남의 사생활이나 결혼 문제에 정말 관심이 있진 않습니다. 흔히 말하는 오지랖이 넓거나 일종의 호기심이 발동한 것에 불과하지요. 그건 듣는 입장에선 무례하게 느껴지는 호기심일 뿐입니다. 그런 예의 없는 사람들을 볼 때마다, 영화 '친절한 금자씨'에 등장하는 배우 이영애 씨의 대사처럼 "너나 잘 하세요"라고 쏘아주고 싶은 마음이 굴뚝같습니다. 목사인 저도 이런 말을 자주 듣고 사는데, 다른 싱글 여성들은 어떨까요? 틀림없이 저보다 더 힘든 상황을 많이 당할 것입니다.

결혼 독촉
3대 레퍼토리

2018년 12월에 방영된 TV 프로그램 'SBS 스페셜, 결혼은 사양할게요'를 보셨습니까? 부모들이 자녀가 고독사할까 걱정돼 결혼시켜야 한다는 이야기가 스스럼없이 나왔습니다. 결혼이 고독사를 방지하는 방법이라는 게 어르신들의 생각인가 봅니다. 저는 의아했습니다.

'결혼하면 고독사 안 하나요? 외롭지 않게 되나요?'

저보다 앞서 살아오신 분들은 삶의 모든 문제를 결혼으로

풀려고 하시는 것 같습니다. 고독사 안 하기 위해 결혼하고, 나이 들면 집에서 독립하기 위해 결혼하고, 국가에서 인정받고 사회에 기여하기 위해 결혼하고….

어디선가 '결혼 독촉 3대 레퍼토리'가 있다는 것을 들었습니다. 어르신들이 결혼하지 않은 이들에게 하시는 '흔한 말씀'이지요.

하나, "평생 외롭게 살래?"

둘, "나이 들면 후회한다."

셋, "그러다 혼자 죽으면 어쩔래?"

첫째, 어르신들은 '외로움'을 무기로 위협하십니다. 결혼 안 하면 외롭다는 것이지요. 그래서 "너 평생 외롭게 살래?"라는 협박까지 하시는 겁니다. 그런데 말입니다, 결혼하면 외로움이 해소되나요? 저는 그렇게 생각하지 않습니다. 모든 사람은 다, 때로는 외롭지 않나요?

제가 목사로서 많은 사람을 상대해보니, 결혼한 사람이라고 해서 반드시 외롭지 않은 건 아니더군요. 물론 혼자 살다가 서로 잘 맞는 배우자를 만나 같이 살게 되면 간혹 밀려오는 인생의 적적함과 고독감이 해소될 수도 있습니다. 하지만 그와 반대로 결혼한 배우자와 잘 맞지 않으면 더 외로워질 수도 있습니다. 게다가, 모든 사람에게 존재하는 근본적인 존재론적 외로움은 배우자가 채워줄 수 있는 것이 아닙니다.

둘째, 빨리 결혼하지 않으면 나이 들어 후회할까요? 그럴 수도 있습니다. 그렇다고 해서 억지로 결혼할 수는 없지 않습니까? 좋아서 하는 결혼도 때로는 후회할 수 있는데, 결혼 안 하면 후회할까봐 두려워서, 결혼을 위한 결혼을 꼭 해야 할까요? 또한 결혼해도 어떤 때는 결혼한 것을 후회할 수도 있습니다. 그러니 가장 좋은 것은 좋은 사람 만나면 결혼하면 되지만, 마땅치 않으면 혼자 살 수도 있는 것이라고 생각합니다.

셋째, 혼자 살다 혼자 죽으면 어떻게 할 거냐고요? 결혼해서 만든 가족이 있으면 죽을 때 배우자와 자녀들이 옆에 있을 수 있습니다. 하지만 제 생각은 죽을 때는 어차피 다 혼자 죽는다는 겁니다. 결혼해도 사별하거나 이혼하면 혼자가 됩니다. 부부가 오래 같이 행복하게 산다고 해도, 죽을 때 한날한시에 함께 죽는 사람이 어디 흔한가요? 거의 없습니다. 둘 중에 한 사람이 먼저 갑니다. 그리하여 죽을 때는 결국 혼자입니다.

결혼을 우상화하는 건
아닌지요?

'결혼 독촉 3대 레퍼토리'를 듣고 겁이 나 결혼하는 사람도 있겠지요. 언젠가 미래에 혼자가 될 것이 두려운 사람도 있습니다. 하지만 저는 이 레퍼토리를 듣고 '아! 그렇구나' 싶어 결혼해야겠다는 생각까진 들지 않습니다. 저에겐 설득력이 확 떨어집니다. '결혼하지 않아도 외롭지 않고, 나이가 들어가고 있으나 결혼하지 않은 것에 대해 후회도 없고, 어차피 다 죽을 때 혼자 죽는데, 뭘' 하는 게 제 생각입니다.

결혼 독촉 3대 레퍼토리를 따라 결혼한다고 해서 세 가지 독촉의 이유가 다 해결되는 것은 아닙니다. 인생의 모든 것을 결혼 중심 렌즈로 봐서 그렇지, 사람들의 실제 삶의 방식은 다양합니다.

모든 사람이 결혼해야만 함께 사는 것이 아닙니다. 친구와 함께 사는 사람, 다른 혈연 가족과 함께 사는 사람, 공동체와 더불어 사는 사람도 있습니다. 그런데 왜 결혼만 하면 인생의 세 가지 문제가 다 해결될 것처럼 겁을 주는 걸까요?

삶의 문제와 외로움이 결혼으로 다 해결된다고 생각하는 것은 결혼을 우상화하는 것에 불과합니다. 다양한 해결 방식에 눈을 열어야 합니다.

삶의 문제를 해결하기 위해 결혼만을 대안으로 생각할 것이 아닙니다. 그래야 싱글도 결혼한 사람도 모두 잘 살 수 있고, 서로 의지해야 할 인생의 짐이 덜 부담스러울 것 같습니다. 어차피 결혼을 통해서도 삶의 모든 문제가 제대로 해결되지 않는다면, 결혼을 통해 삶의 문제라는 짐을 배우자에게 지우는 것은 너무 큰 부담입니다. 그 짐을 어떻게 배우자가 다 지나요? 어쩌면 결혼에 대한 과도한 기대와 무거운 부담감이 결혼을 어렵게 만드는 것은 아닐까요?

2장

싱글과 결혼에 대한 치명적 오해

결혼하면 안정적이고 결혼 상태에 있지 않으면 불안정하다고 보는 것,
다시 말해 결혼이 안정된 삶을 보장해줄 것이라는 생각은 환상이며
편견에 불과할 수 있습니다.

저는 어머니가
아닌데요

어느 날, 심한 감기에 걸려 병원에 갔습니다. 접수대의 간호사가 제게 "어머니, 잠시만 기다리세요"라고 말합니다. 순간 당황했습니다. "도대체 왜 내가 당신 어머니죠? 저는 어머니가 아닌데요"라고 말하고 싶었지만 참았습니다. 상점에서 물건을 사러 갈 때도 "어머니, (물건) 여기 있습니다"라는 말을 듣는 일이 종종 있습니다. 길 가다 모르는 사람이 "아줌마"라고 부르는 소리를 듣는 건 일상다반사입니다.

길거리에서 듣는 아줌마 호칭은 그렇다 쳐도, 도대체 병원이나 상점에서는 왜 처음 보는 중년의 여성 환자나 고객을 '어머니'라고 부르단 말입니까? 여자라면 당연히 다 결혼해서 아이를 낳고 어머니가 된다고 보는 것 같습니다. 환자분, 회원님, 고객님, 손님 등 얼마든지 다른 호칭으로 부를 수 있는데, 여성에 대해 작은 배려가 없다는 게 조금은 아쉽습니다.

한 친구는 사람들이 자신을 "어머니" 하고 부르면 정중하고 상냥하게 대꾸한다고 합니다.

"저는 어머니 아닙니다."

그녀는 귀찮더라도, 이렇게 간단하게라도 대응해야 호칭 문화가 바뀔 가능성이 생긴다는 믿음이 있어 그런다고 합니다. 그랬을 때 "어떻게 불러 드리면 좋을까요?" 하고 정중하게 묻는 이도 있다고 합니다. 그러면 피차 '선생님'으로 부르자고 제안한답니다.

"일일이 호칭까지 교정 교열하며 살자니, 참 세상 살기 간단치 않아요."

그녀의 푸념입니다.

결혼한 사람들과 대화하다 보면 "결혼도 안 한 사람이 인생에 대해서 뭘 알겠느냐?", "아이도 안 키워 봤으니 할 말이 있겠나?"라고 치부합니다. 그래놓고 아예 대화에서 배제하거나 무작정 무시하는 경우마저 흔히 봅니다. 직장에서는 결혼을 좀 일찍 한 젊은 사람이, 마치 결혼했으니 인생을 다 아는 것처럼, 자기보다 나이 많은 싱글에게 훈수를 두는 경우도 있습니다. 싱글이 이런 경우를 자주 접하게 되면 대화에 소극적이거나 아예 입을 다물고, 결혼한 사람이 다수인 모임에는 끼고 싶어 하지 않게 됩니다. 단지 결혼만 하면, 아이만 낳아서 키우면 자동으로 성숙한 사람이 되는 건가요?

결혼해서 성숙해지는 거라면, 결혼 상태에 있지 않은 사람도 어른스럽게 배려하고 품을 수 있어야 합니다. 결혼하지 않은 사람들을 하대하거나 존중하지 않는 태도는 결혼 중심적인 편협한 사고에 편승한 것이며, 어린 아이처럼 자신과 다른 상태에 있는 사람들을 배려하지 않는 것입니다. 모든 여성을 어머니로 간주하는 시각과, 결혼한 사람은 성숙하거나 어른이 되었다고 보는 것은 편협한 관념이지 사실이 아닙니다.

최근에는 자기 일을 열심히 하며 혼자 사는 여성들이 상대적으로 많아진 것이 사실입니다. 그런 여성을 보는 일부의 시각에 약간의 편견이 있는 것 같습니다. 자신만 생각하고, 혼자 편하게 살려고 결혼하지 않는다고 보는 것이지요. 그렇게 살게된 이유가 자발적이든 비자발적이든 말입니다.

가만히 살펴보면, 한국 사회에서는 많은 여성이 결혼하지 않은 채 혈연 가족이나 다른 사람을 돌보는 삶을 살고 있습니다. 병든 부모를 간호하며 사는 여성, 형제자매를 비롯한 가족들을 물질적 · 정신적으로 지원하며 사는 여성, 나이 든 부모와 함께 살면서 경제적 · 정서적으로 돌보는 여성 등입니다. 산업화 단계의 사회에서는 이런 이유들이 결혼하지 않고 사는 주된 이유였다고 봅니다만, 정보화 사회가 되었다는 요즘도 그런 상황이 여전하긴 사실 마찬가지입니다.

그래서 저는 '결혼 안 한 사람은 자기만 생각하기 때문'이라는 세상의 편견이 옳지 않다고 생각합니다. 혼자 사는 여성의 대부분은 자신만 생각해서가 아니라 부모를 공양하거나 가족과 주변 사람을 위해 살고 있기 때문입니다. 결혼한 여성은 배우자와 자녀를 우선 보살피게 마련이지만, 결혼하지 않은 여성은 배우자나 자녀가 없기 때문에 부모나 형제자매, 심지어

가족이 아닌 타인까지 적극적으로 돌보는 경우가 많습니다.

얼마 전 오랜만에 귀국한 제 친구와 밥을 먹다가 싱글로 사는 그녀의 여동생 이야기를 듣게 되었습니다. 그 집에는 딸만 셋인데, 그녀를 포함한 위의 두 딸은 결혼하고 해외에 살고 있어서 부모님을 자주 뵙지 못하였습니다. 두 딸의 빈자리를 막내딸이 부모님과 함께 살면서 메우고 있던 겁니다. 막내딸은 엄마와 각별한 사이였는데, 안타깝게도 어머니가 10년 전에 암 진단을 받으셨습니다. 막내딸은 자신의 풀타임 직장을 그만두고 파트타임으로 직장을 바꾸었고, 어머니를 모시고 병원 가는 일과 집안일을 도맡았습니다. 그러다 어머니가 투병 끝에 돌아가셨습니다. 제 친구인 그 언니는, 여동생이 부모님이 나이 들어가시고 어머니가 암 투병을 하시면서 결혼을 늦추게 되었고, 그런 상황에 마땅한 사람도 없고, 아프신 엄마를 홀로 두고 결혼하는 것에 대한 부담감에 결혼을 접게 된 것이라고 말합니다. 그래서 막내 여동생에 대해 한없는 미안함과 고마움을 표시했습니다. 주변에 이런 싱글 친구들이 있지 않습니까? 그들에게 고마운 마음을 표현해야 하지 않을까요?

제 주변에서도 싱글들의 삶을 살펴보면, 서울이 아닌 지방이 고향이거나 부모가 다른 지역에 사는 경우 부모와 떨어져 독립적으로 생활 공간을 마련하지만, 같은 지역이나 가까운 거리에 부모가 사는 경우는 혼자 나와서 살기보다 부모와 함께 거주하는 경우를 많이 봅니다.

이래도 싱글이
이기적인가요?

여성가족부 자료에 의하면 "30-45세 미혼 여성 65.2퍼센트가
부모와 동거하고 있다"고 합니다. 싱글 여성이 부모와 동거를
하다 보면 결국 부모의 노후를 감당할 가능성이 높아집니다.[2]
사실 이 책을 쓰는 제 삶이 그랬고, 어머니와 상부상조하며 살
고 있는 지금도 그렇습니다.

　저는 부모님과 함께 살다가, 대학원과 일터가 본가와 거리
가 멀어져 30대에 독립하게 되었습니다. 그렇게 부모님과 10
년 정도 떨어져 살다보니, 부모님이 살아 계실 때 조금이라도
더 함께 살아야 하지 않을까 하는 부담감이 생겼습니다. 저는
맏딸이고, 그 무렵에 부모님 나이가 70세가 되어 가시니, '혹
시 이러다 부모님이 돌아가시면 어떻게 하나' 하는 생각에 조
금씩 마음이 불편해졌습니다.

　그러다 드디어 부모님과 함께 살 수 있는 기회가 왔습니다.
교회에서 부목사로 사역하게 되면서 사택이 생긴 것입니다.
저는 혼자이기 때문에 사택에 부모님과 함께 거주할 수 있는
여유 공간이 있었고, 결혼하지 않았기 때문에 남편이나 다른
가족의 동의를 얻을 필요도 없었습니다. 즉시 부모님께 함께

2　30-40대 미혼여성 1인가구의 고용, 거요 등, 주간 포럼, 201○.01.17

살지 않겠냐는 제안을 했고, 부모님은 마치 기다리셨다는 듯이 좋아하셨습니다. 결혼한 동생들도 부모님 두 분만 따로 사는 것보다 저와 함께 사는 것이 마음이 놓인다며 고맙다고 했습니다. 제가 부모님과 함께 살 수 있었던 것은 싱글이기 때문에 가능한 일이었습니다.

요즘에는 부모 대신 삼촌, 이모, 고모들의 지원을 받는 조카 이야기를 종종 듣습니다. 가족의 살림을 위해 쓸 곳이 많은 부모보다 상대적으로 재정에 여유가 있는 싱글 이모들이 조카들에게 넉넉하게 용돈을 주거나, 생일이나 어린이날 등 특별한 날에 선물을 한다거나, 심지어 학비까지 지원해주는 경우를 심심치 않게 봅니다.

교회에서도 어린 자녀가 있는 가족은 마음이 있어도 주일학교나 찬양대에서 봉사하는 것이 쉽지 않습니다. 이럴 때 교회 안의 싱글들이 적극적으로 다른 가족의 자녀들을 돌보는 봉사를 할 수 있습니다.

어떻습니까? 이래도 싱글이 자기만 생각하는 이기적인 사람이라 단정할 수 있을까요? 싱글은 배우자나 자녀가 없기 때문에 아무도 돌보지 않는 이기적인 사람이 아닙니다. 혈연 가족은 물론이고, 교회에서처럼 전혀 이해관계가 없는 다른 사람들을 돕는 일에 오히려 관심이 더 클 수도 있습니다. 결혼한 사람이 자기 가족을 돌보는 일에 매몰되기 쉬운 반면, 싱글은 핵가족의 테두리를 넘어서 다른 사람까지 섬기는 것입니다.

싱글에 대한 오해 때문인지, 어떤 사람은 싱글들에게 "시장에 내놔! 그래야 팔리지!"라고 말하기도 합니다. 저 같으면 "저 많이 비싸요. 그리고 안 팝니다"라고 되받아칠 텐데, 대부분의 싱글은 난처하고 주눅이 들어 아무 말도 못하고 꿀 먹은 벙어리가 되곤 합니다. 싱글들은 이렇게 때로는 배려 없이 마구 쏟아지는 언어폭력과 예의 없는 행동에 그대로 당하고 맙니다.

46세 은정 씨는 결혼과 관련된 무례한 이야기를 듣고 어처구니가 없었다고 합니다.

"제가 교사로 일하면서 잘 살고 있는데도 친척 중 한 분이 혼자 사는 것이 걱정된다며 계속 사람을 소개해준다고 하세요. 소개해준다는 사람이 저보다 열다섯 살이나 많은데, 만나보면 어떠냐고 계속 채근하시는 거예요. 도대체 정말 제 생각을 하고 말씀하시는 건지 이해가 안 가요. 제가 좀 나이가 들었다고 막무가내로 말씀하시네요."

또 다른 친구는 이런 말을 들었습니다.

"여성들에게 상대의 조건이나 상황 같은 거 따지지 말고, 눈을 낮추고 무조건 결혼하라고 하세요. 안 그러면 진짜 결혼 못해요."

사람들이 싱글을 탈피해야 하는 삶으로 보는 것입니다. 그래서 무조건 아무하고나 결혼하라고 말합니다. 그러나 만약 자신이 그런 상황이라도 그렇게 말할 수 있을까요? 그런 태도는 결혼하지 않은 사람의 인격을 무시하고 인권을 존중하지 않는 것입니다.

결혼은 한 사람의 인생에 매우 중요한 사건이고, 누구와 결혼하느냐에 따라 삶의 질과 행복이 크게 좌우됩니다. 그렇기에 결혼은 매우 신중하게 결정할 일입니다. 사회적 압력에 떠밀려 원치 않는 결혼을 해서는 안 됩니다. 결국 결혼에 대한 책임은 자신이 져야 하니까요. 인생에서 가장 귀한 일인 결혼을 '아무나'와 '막 해도 되는 것'으로 격하시키는 것은 하나님이 세우신 귀한 결혼 제도를 오히려 모독하는 것입니다.

크리스천에게 결혼은 하나님이 여성과 남성의 결합을 위해 제정하신 제도이며, 여성과 남성이 만나 결혼하고 자식을 낳고 가정을 꾸려나가는 하나의 삶의 방식입니다. 하나님이 여성과 남성을 하나님의 형상으로 만드시고 복을 주시고, 이 세상을 다스리며 살도록 해주셨습니다. 따라서 크리스천에게 결혼은 아무나하고 무조건 할 수 있는 일이 아닙니다. 크리스천에게 결혼 배우자는 이 세상에서 하나님이 내게 주신 사명과 삶을 함께 이루어나갈 소중한 파트너입니다. 따라서 결혼과 배우자 선택에는 신중에 신중을 기해야 합니다.

결혼으로 모든 문제가
한방에 해결되나요?

어느 싱글 여성이 친구에게 원인을 모르는 피로감과 통증으로 고생하고 있다고 호소하였습니다. 병원을 전전하며 온갖 검사를 해도 결과는 정상이라는데, 정작 본인은 고통에 시달린다는 것입니다. 그때 옆에서 그녀가 하는 말을 듣고 있던 어떤 사람이 말했습니다.

"결혼 안 해서 아픈 거야. 결혼하면 병이 낫는다니까."

그녀는 그 말을 듣고 화가 머리끝까지 났습니다. 자기를 잘 알지도 못하는 사람이 엉뚱한 소리를 하니 말입니다. 그녀는 그 뒤 결혼을 했지만, 결혼해도 아픈 몸은 회복되지 않았다며, 사람들이 정말 온갖 것에 결혼을 갖다 붙인다고 불만을 토로합니다.

혼자서 삶을 꾸려 나가려고 열심히 애쓰는 한 여성에게 어떤 남자가 말합니다.

"뭐 하러 그리 힘들게 일해요?"

그녀가 되묻습니다.

"그게 무슨 말이에요?"

남자가 대답합니다.

"결혼하면 한방에 다 해결되는데, 뭐 그리 치열하게 사냐고요? 솥뚜껑 운전하면 남편이 다 해결해줄 텐데."

듣던 그녀가 그에게 핀잔을 줍니다.

"결혼하면 누가 내 인생 책임져 준대요?"

결혼하면 "평생 무엇을 하고 어떻게 살 것인가"에 대한 답이 나올까요? 결혼하면 '경제적 자립'이 해결될까요? 결혼하면 노후가 확실히 보장될까요? 결혼하면 인생의 근본적인 외로움과 고민이 해결될까요? 이 질문들에 대한 대답은 한결같이 "아니오"입니다.

철이 없고 자신을 책임지지 못하는 사람에게 "결혼하면 정신차리고 나아지겠지. 책임져야 할 가족이 생기니 말야" 하면서 억지로 결혼에 밀어 넣는 경우도 자주 봅니다. 자신도 책임 못 지고 주변도 돌보지 않는 사람이 결혼한다고 갑자기 책임감이 생길까요? 이런 환상을 믿고 주변의 권유에 등 떠밀려 결혼하는 사람 중에, 오히려 가족과 주변에 민폐를 끼치는 사람이 얼마나 많은지 모릅니다.

결혼이 인생의 모든 문제를 해결해주지는 않습니다. 오히려 결혼에 대한 환상, 즉 결혼이 온갖 골칫거리를 해결해준다는 잘못된 생각 때문에 결혼이 깨지는 경우가 더 많지 않을까요?

결혼해도
지금처럼 살 수 있을까?

어떤 사람은 목사인 제게 "아직 늦지 않았다"며 "좋은 사람 만나어서 결혼하라"고 여전히 권합니다. "결혼도 하고 목사로 일하면 더 안정적이지 않겠느냐"라는 말도 덧붙입니다. 하지만 저는 '결혼해서도 지금처럼 목사로 일할 수 있을까?' 하는 의문이 듭니다. 남성 목사들은 여성 배우자의 내조를 받으며 목회하는 경우가 대부분이지만, 저 같은 경우는 목회하는 일을 지원해줄 남성을 찾기가 쉽지 않습니다.

그런가 하면, 제가 싱글이기에 목사로서 결혼한 사람들의 삶을 잘 이해하지 못할 것이라고 생각하는 사람도 있습니다. 과연 결혼이 목회자의 선결 조건일까요? 예수님도 바울도 싱글이었는데, 이분들이 결혼하지 않아서 성도들을 섬기는 데 부족한 점이 있었을까요? 그렇지 않습니다. 싱글이었기에 오히려 하나님의 일을 집중해서 안정적으로 할 수 있었다고 봅니다. 저 또한 싱글이기에 가족을 돌보는 일에 구애받지 않고 안정적으로 집중해서 일할 수 있습니다.

혼자 있을 때도 행복하고 안정적인 삶을 사는 사람은 결혼해도 안정감과 행복을 누릴 확률이 높습니다. 혼자 있음을 못 견디고 탈피하기 위해 다른 사람을 통해 삶의 안정감을 누리려는 사람이 결혼하면, 오히려 불안정이 심화되고 배우자를 힘들게 만들 수 있습니다. 또한 가족이 인생에서 정서적으로 안정적인 지원군이 되어주는 좋은 점도 있지만, 때로는 가족 간의 불화와 갈등으로 더 불안해질 수도 있습니다. 그래서 어떤 사람은 안정적이고 행복한 삶을 살기 위해 거꾸로 이혼을 선택하기도 합니다.

결혼하면 안정적이고 결혼 상태에 있지 않으면 불안정하다고 보는 것, 다시 말해 결혼이 안정된 삶을 보장해줄 것이라는 생각은 환상이며 편견에 불과할 수 있습니다. 삶의 안정감은 결혼과 가족으로부터 오는 것이 아닙니다. 근본적이고 진정한 삶의 안정감은 결혼이 아니라 하나님이 나와 함께하심을 알고 믿고 의지할 때 오는 것입니다.

제가 아는 한 부부는 나이 마흔에 처음으로 교회 문을 두드렸습니다. 그들이 말하기를, 신앙생활을 시작하고 나서부터는 삶이 힘들고 혼자라는 생각이 들 때도 하나님이 함께하심을 믿기에 더 이상 혼자가 아니며, 삶에 근본적인 안정감이 생기고 평안이 찾아왔다고 말합니다.

결혼에 대한 환상이나 기대, 여성의 행복에 대한 고정관념을 내려놓고
있는 그대로의 삶에 대한 통찰이 있을 때, 결혼을 하든 싱글로 살든
건강하고 행복하게 살 수 있습니다.

결혼하지 않은 상황이
왜 두려운가?

혼자 사는 사람들은 '싱글리즘'(singlism)에 대한 두려움이 있습니다. 싱글로 불리는 사람들을 정형화하고 차별하고 무시하는 것을 싱글리즘이라고 부르는데, "뭐가 부족하다" 또는 "사랑받지 못하고 있다"는, 이른바 싱글에 대한 편견을 두려워하는 것입니다.

텔레비전에서 40세 여성 방송인이 자기 집과 일상을 공개하는 모습을 보게 되었습니다. 그녀는 20대에는 자신만만했고, 주위에 자신에게 호감을 갖지 않는 사람이 있어도 그다지 신경쓰지 않았다고 합니다.

"젊어서는 제가 자신감이 있고 자존감도 높으니까 별 문제가 되지 않았어요. 그런데 서른이 넘어가고 마흔이 된 지금은 자신감을 많이 잃었어요. 때론 '나도 다른 사람처럼 결혼해서 살 수 있을까', '나를 좋아하는 사람이 있을까'라는 두려움이 엄습해요."

그녀는 이렇게 말할 때 울먹였습니다.

제 주변에서 들은 또 다른 싱글 여성의 이야기입니다. 그녀는 여동생이 자기보다 먼저 결혼을 하게 되었는데, 부모님이 결혼 안 한 언니가 여동생의 결혼식에 참여하는 게 아니라면서 결혼식장에 들어오지 못하게 했답니다. 저는 요즘에도 그런 관습이 남아 있나 싶어 어이가 없었는데, 그녀는 그냥 담담하게 남 이야기하듯 했습니다. 제가 이런 일을 당한다면 속상한 걸 넘어 두렵기까지 할 것 같습니다. 동생의 결혼식에도 참가할 수 없게 된 처지가 되었으니 말입니다.

30대 중반이 넘어서도 결혼하지 않은 여성들은 어느 순간 자신이 부족해서 사랑받지 못하는 것 같다는 생각과 스스로 자신을 보호하고 살아야 한다는 것 때문에 두려움이 엄습합니다. 그럴수록 주눅이 들고, 자신이 없어 겉으로 표현도 못하고 힘들어 하게 됩니다.

저는 주변에서 이런 속마음을 토로하는 여성을 자주 봅니다. 한편으로, 자신이 하고 싶은 일을 하면서 자유를 누리는 싱글 여성은 주위의 부러움을 사기도 합니다. 그러나 싱글로 사는 어떤 여성도 두려움과 아픈 속내는 다 있기 마련입니다. 살다 보면 '골드 미스', '화려한 싱글'이란 단어가 무색해지는 순간이 있기 때문이지요. 어찌 보면 이것이 30-40대 여성들이 싱글로 살 때 겪는 현실이며 갈등이 아닌가 싶습니다.

결혼하지 않은 사람만
뭐가 부족해요?

결혼이 왜 그처럼 여성의 삶과 정체성과 자신감에 직접적인 영향을 미칠까요? 왜 여성들은 아무리 똑똑하고 공부 잘하고 자기 일을 잘하고 다른 사람들을 위해 헌신적인 삶을 살아도, 결혼하지 않았다는 사실 하나로 좌절감과 두려움을 느껴야 하는 것일까요?

이런 사고에 영향을 미치는 여러 요소가 있겠지만, 그중 한 가지는 사회의 모든 체계가 남성 중심과 결혼 중심으로 돌아가면서 사회에 깊이 뿌리박혀버린 '싱글리즘'이 아닐까 합니다. 이혼을 했건 사별을 했건, 아니면 원래부터 싱글이었던 간에, '모든 싱글은 불완전하다'고 낙인찍는 편견인 싱글리즘은 21세기에 보편화된 문제 가운데 하나입니다.

벨라 드파울로는 자신의 저서 《싱글리즘》에서 이러한 사회적 편견을 '싱글리즘'이라고 명명했습니다. 싱글리즘은 여성 차별처럼 우리 삶 깊숙이 스며들어 있어 인권을 침해하고 고통을 줍니다. 그런데 많은 사람은 이를 인식조차 못할뿐더러, 싱글에게 무례한 말과 행동을 하고 함부로 대하는 걸 당연시하는 사람까지 있습니다. 이는 결혼 중심 사고방식과, 결혼한 사람들을 우대하고 사회의 성원으로 받아들이는 뿌리 깊은 싱글리즘 정서에서 기인합니다.

결혼하지 않았다고 해서 뭔가 부족하거나 사랑받지 못한 것은 아닙니다. 주변을 돌아보십시오. 부족함 하나 없이 완벽한 사람, 사랑받는 사람만 결혼하는 것이 아닙니다. 그런데 싱글리즘은 마치 결혼한 사람은 온전한 사람이고, 결혼하지 않은 사람은 뭔가 부족한 사람인 것처럼 몰고 갑니다.

저는 이에 굴하지 않습니다. 혼자 살든 결혼을 하든, 모든 사람에게는 부족한 부분이 있습니다. 싱글로 살기 때문에 누리는 부분도 있고 힘든 부분도 있는 것처럼, 제 눈에는 결혼해서 살 때 누리는 부분도 있고 어려운 부분도 있다는 것이 들어오기 때문입니다. 그래서 저는 싱글에게 두려움을 주거나 압박하는 이야기에 스스로 주눅 들지 않습니다. 어차피 각자 자기 삶의 자리에서 안고 가야 하는 삶의 무게가 있기에, 어떤 삶이 상대적으로 더 좋다고 생각하지 않습니다. 더구나 다른 사람이 제 삶을 대신 살아주지 않고, 제가 다른 사람을 만족시키기 위해 살 수는 더더욱 없는 노릇입니다.

결혼은 인생에서 매우 중요한 이벤트인데, 사회적 압박이나 사람들에 대한 두려움 때문에 섣불리 접근해서는 안 됩니다. 그래서 사람들이 제게 결혼 이야기를 할 때면 "좋은 사람 있으면 할게요"라고 가볍게 대답하는 것입니다.

저도 제 인생이 어떻게 전개될지, 제 미래를 알 수 없습니다. 그래서 아무것도 장담하지 않습니다. 그냥 하나님이 제게 주신 오늘의 삶을 충실하게 사는 것이 가장 유익하다고 생각합니다.

저는 싱글리즘이 두렵지 않습니다. 싱글리즘은 싱글에 대한 편견이고 관념에 불과할 뿐, 사실은 아니기 때문입니다. 또한 결혼이 인생의 행복을 보장해주지 않는 것도 알기 때문입니다. 한 사람의 행복은 결혼 여부에 달린 것이 아니라, 자신을 사랑하고 이웃을 사랑하고 삶을 온전히 누리는 데 달린 것이 아닐까요?

행복에 대한
여성의 기대

벨라 드파울로는 《싱글리즘》에서 이렇게 말합니다.

"만약 당신이 지금 행복하지 않다면, 결혼으로 행복해질 것을 기대하지 말라. 만약 지금 행복하다면, 결혼 이후 더 행복해질 것이라고 기대하지 말라. 그럴 가능성이 낮기 때문이다. 행복한 싱글들은 결혼하지 않으면 불행해진다며 전전긍긍하지 말라. 역시 그럴 가능성은 낮기 때문이다."

어렸을 때부터 《신데렐라》, 《잠자는 숲속의 공주》 같은 동화책을 읽으며 자란 여성들은 여성의 행복은 결혼에서 비롯되는 것처럼 생각하고, 이를 자신의 삶에 내면화하는 경우가 많습니다. 대중 매체와 각종 광고도 가정을 꾸리며 행복해 하는 여성의 모습을 이상적으로 그립니다. 여성의 행복은 마치 결혼에서 비롯되는 것처럼 선전하는 것입니다. 자연스레 여성들은 결혼에 대해 환상을 갖게 됩니다.

기혼 여성은 결혼 생활을 해나가면서 결혼에 대한 환상이 자연스레 깨지고 현실을 직면하게 되는 경우가 다반사입니다. 그러나 결혼하지 않은 상태에서는 결혼에 대한 기대나 환상을 내려놓기가 쉽지 않습니다. 어떤 사람은 겉으로 표현하지는 않더라도, 다른 사람은 잘 못 살아도 자신만큼은 잘해낼 수 있다는 나름의 자신감을 갖기도 합니다.

여성의 자아 개념과 인생관은 가부장적 사회에서 여성에게 기대하는 성 역할과 문화적 가치에 영향을 받습니다. 어렸을 때부터 여성에게 내면화된 '여성성'과 '여자의 행복'에 대한 인습적 기대와 관념은 여성이 자신의 모습으로 살아가고 삶을 선택해나가는 것을 어렵게 만듭니다.

결혼해서 한 남자의 아내로 사는 것, 자녀를 낳아 엄마로 사는 것이 여성의 행복의 조건이고 사회적으로 인정받는 길이며, 그렇게 아내와 엄마로 사는 것만이 여성의 행복이라는 고정관념을 갖고 있다면, 결혼하지 않은 상태로 살면서 결코 행복할 수 없습니다. 싱글의 삶에 스스로 만족하더라도 항상 뭔가 빠져 있다는 느낌을 지울 수 없습니다. 이렇게 가부장적 여성성을 내면화하고 있는 여성은 현재 자신의 삶에 대한 만족이나 행복 여부와 상관없이, 여성이 결혼하지 않고 혼자 살아가는 것에 대해 부정적으로 보거나 자신 없어 합니다. 저는 그런 여성을 보면 "정 그러면 빨리 남자 찾아서 결혼해라. 마음만 먹으면 누구와도 결혼할 수 있지 않을까?"라고 말해줍니다. 그러면 보통 마땅한 남자가 없어서 결혼하기 어렵다는 대답이 돌아옵니다. 결혼에 대한 마음은 있지만 상대를 찾지 못하는 딜레마에 빠져 있는 것입니다.

여성의 행복에 대한 환상과 미련이 남아 있고 현재 싱글로 사는 삶이 행복하지 않다면, 우선 자신을 성찰해보고 결혼에 대한 마음을 다시 정해야 한다고 봅니다. 결혼이 삶의 최우선 순위이고 꼭 결혼을 해야겠다고 생각한다면, 자신의 모든 것을 결혼에 맞추고 배우자를 찾기 위해 적극적으로 나서야 합니다.

여성에게 '행복의 선택지'는 결혼밖에 없는가?

자신의 결혼 생활이 불행하고 힘들어 불평하면서도, 주변의 싱글에게는 결혼을 강권하는 사람을 종종 볼 수 있습니다. 도대체 자신의 결혼이 행복하지 않은데, 다른 사람에게는 왜 그래도 결혼해야 한다고 권할까요? 마치 여성에게 결혼 말고는 행복한 삶의 선택지가 없는 것처럼 말입니다. 자신은 혼자 살 용기가 없어서 결혼했다는 사람도 있습니다. 부모를 떠나 독립을 하려다 보니 결혼을 선택했다는 사람도 있습니다. 그러면서 저 같은 사람에게는 혼자 살 능력이 되니까, 자신이 있으니 혼자 살 수 있는 것이라고 말합니다.

가부장적 사회는 여성이 결혼하지 않고 혼자 행복하게 살 수 있다는 것을 상상하기 힘들게 만듭니다. 우리 문화에 깊이 내재된 가부장적 여성성 때문에 결혼만이 여성의 행복이라 믿고 기대하도록 만들어진 것이지, 모든 여성이 결혼한다고 다 행복해지는 건 아닙니다. 모든 여성이 결혼해서 아이 낳고 사는 것도 아닙니다. 만약 결혼만이 여성에게 최고의 행복이라면, 왜 그리 많은 사람이 자녀를 낳아 키우는 것을 어려워하고 이혼까지 하는 걸까요?

여성이 아내와 엄마가 되어야만 행복해진다고 말할 수 없습니다. 결혼 여부가 행복의 절대 조건이 아니기 때문입니다. 삶은 어쨌든 다 어렵습니다. 아내와 엄마로서의 삶만 힘든 것이 아니라, 홀로 서는 삶 또한 쉽지 않습니다. 그러므로, 진심으로 나에게 관심이 있지도 않으면서 쓸데없이 혼자라는 사실에 관심을 보이는 주변 사람들과 사회적 압력으로부터 자유하려면, 싱글로서 내 생각과 삶의 태도부터 바꾸어야 합니다. 먼저 자신의 삶을 차분히 되돌아보십시오.

"혹시 나는 나 자신을 사랑하고 나답게 사는 것을 방해하는 여성의 삶에 대한 고정관념에 나를 억지로 맞추고 살려 하지는 않았는가?"

"가부장적 여성성에 들어맞지 않는 삶을 사는 내 모습을 보면서, 오히려 나를 비하하고 있지는 않았는가?"

나에게 진정으로 도움이 되지 않는 잘못된 관념이나, 나를 억압하고 힘들게 살게 하는 생각이 마치 꼭 내게 필요하고 나를 위한 것이라고 착각하며 산 건 아닌지 살펴보아야 합니다.

올해 39세인 미영 씨는 한때 아내와 엄마의 삶에 대해 고민했습니다. 그러나 인습적 관념들, 자신이 할 수 없는 것, 자신을 힘들게 만드는 생각들 때문에 더 이상 괴로워하지 않고, 현재 자기 삶에서 원하는 것들과 자신의 참모습을 발견해가면서 삶이 자유로워졌습니다.

"옛날에는 가끔 한 남자의 아내, 한 아이의 엄마가 되어서 살아야 하는 것은 아닌가 하고 생각한 적도 있어요. 그런데 지금은 제 삶에 만족하고, 아내나 엄마로 사는 것에 대해 크게 생각이 없어요."

39세인 다희 씨도 마찬가지입니다.

"저도 여자니까 아내로, 그리고 엄마로 사는 삶에 대해 생각해보고 고민했죠. 그런데 여성이 자기 일을 하면서 한 남자의 아내로 살고 엄마로 산다는 것이 우리 사회에서 여전히 쉽지 않은 것 같아요. 그 삶이 저에겐 별로 매력이 없어요. 그걸 감당하기 위해서는 현재의 내 삶을 포기할 만큼 좋은 남자가 있어야 하는데 그렇지도 않고, 20대였을 때면 모를까 지금은 결혼해서 제 자신의 삶을 포기하거나 다른 사람에게 맞춰 사는 것에 타협이 잘 안 되네요. 지금 저는 제 삶에 감사하고 아주 만족해요."

다희 씨도 결혼해서 한 남자의 아내로 살고 엄마로 사는 삶에 대해 고민한 적이 있었던 겁니다. 가보지 않은 길에 대한 환상도 있었습니다. 그러나 자신의 삶에 만족하는 싱글들은 전통적 성 역할에 집착하며 의미를 부여하기보다, 현재 자신에게 의미 있는 일에 우선순위를 둡니다.

행복한 싱글 라이프를 사는 여성들도 이렇게 전통적으로 부여된 성 역할, 즉 아내와 엄마 역할을 두고 고민할 때가 있습니다. 하지만 '전통적 여성 역할'에 집착하기보다 '결혼에 대한 환상과 기대'처럼 내려놓을 것은 내려놓습니다.

인습의 줄을 끊고 나면
보이는 것들

많은 여성이 처음부터 싱글 라이프를 생각하며 살아온 것은 아니지만, 자신과 같은 신앙이나 가치관이나 삶의 방향성을 가진 사람을 찾다보니 적당한 사람을 찾는 것이 쉽지 않았다고 말합니다. 현재의 싱글 라이프에 만족하는 여성들은 결혼하기 위해 타협하기보다 현재의 삶을 지속하기를 선호합니다. 행복한 삶의 조건에 결혼이 필수가 아니라는 걸 알았기 때문입니다.

일단 여성에게 기대하는 인습적 역할에 더 이상 매여 살지 않기로 결정하고 선택할 때 자유가 찾아옵니다. 나를 묶어놓았던 인습의 줄을 끊고 나면, 자연스레 독립적인 삶을 살기 위해 혼자 살기를 받아들입니다. 자기 삶을 자신의 필요에 따라 조정해가며 보상과 만족을 얻습니다.

우리는 우리 눈을 가리고 있는 비늘을 벗겨내야 합니다. 싱글이어서 외롭고 불행한 것이 아닙니다. 지금 현재 싱글로 사는 데 행복하지 않다면, 결혼하지 않았기 때문도 아닙니다. 결혼하면 모든 문제가 해결되고 행복해진다는 잘못된 고정관념은 오히려 지금의 나를 불행하게 만들 수 있습니다.

내 삶에서 근본적으로 채워지지 않는 외로움과 공허감은 결혼으로 채워지지 않습니다. 결혼이 행복한 삶, 완전한 삶이라는 고정관념과 아내와 엄마로서의 삶만이 행복한 삶이라는 고정관념을 버릴 때, 그 관념이 떠난 자리에 하나님이 주시는 참된 자유와 충만함이 찾아옵니다. 결혼에 대한 환상이나 기대, 여성의 행복에 대한 고정관념을 내려놓고 있는 그대로의 삶에 대한 통찰이 있을 때, 결혼을 하든 싱글로 살든 건강하고 행복하게 살 수 있습니다.

우리는 매순간 가장 귀하고 비싼 '지금'을 살고 있습니다. 현재의 시간은
그 어떤 것과 결코 바꿀 수 없고, 결혼을 위한 대기시간은 더더욱 아닙니다.
하나님이 내게 주신 귀한 지금을 소중히 여기며 살아야 합니다.

'여자의 행복'에 대한 인습적 기대와 관념을 버린다는 것은 결혼을 기다리는 대기인생을 살지 않는 것이기도 합니다.

결혼 중심주의가 팽배한 우리나라에서 여성들은 결혼이 아닌 다른 선택지의 삶을 어떻게 살 수 있는지에 대한 구체적이고 실제적인 안내를 받지 못했고, 따라 할 수 있는 역할 모델도 찾기 어렵습니다. 그래서 여성들이 스스로 자신의 삶을 개척해서 살아가는 것에 대해 두려움을 느끼고, 막막하게 생각할 수도 있습니다.

저는 제 주변의 여성들에게 결혼을 하든 하지 않든 평생 무엇을 하며 어떻게 살 것인지에 대해 진지하게 고민해보라고 권합니다. 그런데 이런 권면에 "생각하기도 싫다. 두렵다"고 반응하는 이도 있습니다. 어쩌다 보니 현재 결혼하지 않고 살고 있지만, 평생 결혼하지 않고 산다는 것은 생각해본 적이 없고, 자기 혼자서 인생을 꾸려 나간다는 것이 두렵고 힘들다는 것입니다.

이처럼 결혼을 인생에서 필수 이벤트로 여기는 사람들은 싱글 라이프를 결혼을 위한 대기 상태로 여깁니다. 이런 여성들은 결혼을 중심으로 자신의 삶을 분절해서 생각하는 경우가 많습니다. 싱글로 사는 현재의 삶을 성실하게 잘 살기보다, 은

연중에 미래에 있을 결혼을 중심으로 자기 삶을 준비하거나 대기시키며 살게 되는 것이죠. 이런 사람들은 자신이 현재 싱글로 살고 있으면서도 자신의 정체성과 삶을 부정하게 되니 행복할 수 없습니다. 뿐만 아니라 '오늘'을 내일의 결혼을 위한 대기 상태로 생각하기에 현재에 집중하지 못하고, 자신의 인생 전반에 대해 진지하게 고민하지 않습니다. 그러다 싱글로 사는 기간이 길어지면 많이 힘들어하고 방황하게 됩니다.

46세 은정 씨는 세련되고 당당해 보이는 여성입니다. 그녀가 스스로 결혼을 위한 대기 상태로 살지 않기로 마음먹었을 때의 상황을 들려줍니다.

"30대 후반이 되었을 때 어쩌면 결혼하지 않고 살 수도 있겠구나 하고 생각했어요. 별로 생각해보고 싶지 않은 상황이었지만, 그건 현실을 회피하는 것이잖아요. 한편으론 두렵고 떨렸어요. 솔직히 말해서, 혼자 살 수도 있다는 생각을 하고 싶진 않았거든요. 그러다 정말 혼자 살게 되면 어쩌지 하는 생각이 들어서요. 하지만 더 이상 이렇게 살면 안 되겠다고 생각했죠. 그래서 '결혼은 좋은 사람 만나면 할 수도 있지만, 없으면 안 할 수도 있다. 그러니까 이제부터 인생의 후반전을 어떻게 살아야 할까' 하고 생각해봤어요. 저는 그때 무역상사에서 일하고 있었는데요, 내가 내 자신의 삶과 생계를 전적으로 책임져야 한다고 생각하니 하는 일을 대하는 자세에 좀 더 무게가 실렸어요. 그 전까지는 그냥 윗사람한테 욕먹지 않고 직장에서 살아남기 위해 일을 했죠. 일을 잘 하긴 했지만, 일에 적극적으로 관심을 갖고 매달려서 한 건 아니었어요. '결혼하면 그만둘 텐데' 하는 생각이 무의식적으로 있었던 같아요. 하지만 제가 평생 저를 책임져야 한다는 생각이 드니 삶의 무게도, 제가 맡은 일의 무게도 달라지더군요. 제가 결혼을 더 이상 기다리며 살지 않기로 작정했더니, 오히려 마음이 가벼워지기 시작했어요. 그동안 결혼을 전제로 제 삶에서 모든 것을 제한하고 살았거든요. 한 가지 예를 들자면, 오래전부터 피아노를 배우고 싶었지만 삶이 어찌 변화될지 몰라 계속 미루기만 했는데, 이제는 피아노를 배우기 시작했습니다. 그동안 해보고 싶었지만 하지 못했던 일들이 후회가 되어, 지금은 하고 싶은 일이 있으면 일단 시도해보고 있어요."

더 이상 결혼을 위한 대기인생을 살지 않기로 하면서 그녀의 생각과 행동에 변화가 일어났습니다. 자신에게 내재된 욕구에 눈을 뜨고, 자신의 의사 결정과 행동이 매순간 삶에 영향을 미침을 깨닫게 되면서, 과거에는 하고 싶었지만 막연하게 '언젠가는 해야지' 하고 미루었던 일들을 하려고 열심히 움직이기 시작한 것입니다.

세상에서
가장 비싼 금

여전히 우리 사회에서 여성은 교육 받고 잠시 직업을 갖고 일하다가 좋은 남자 만나 결혼하고, 맞벌이하거나 가정에서 자녀를 낳고 가족을 잘 뒷바라지하기를 기대합니다. 직접 표현하지는 않지만, 결혼하면 자신이 하던 일을 그만두고 싶어 하는 여성도 있습니다. 여성들이 일을 하긴 하지만, 자신이 하는 일을 평생 할 일로 생각하지 않는 경우도 있는 것입니다. 자신이 하는 일의 가치를 높게 평가하지 않는 것이고, 결혼 후 자녀 양육과 일을 병행하는 것이 쉽지 않기 때문이기도 합니다.

여성들이 결혼 여부와 상관없이 자기 인생에 대한 전체 그림을 그려 보고 훈련하는 것이 중요하다고 봅니다. 이렇게 자기 삶에 대한 그림을 갖고 살면 결혼해서도 자신을 잃지 않고 꿈과 소망을 품고, 느리지만 천천히 자신의 삶을 창조해나갈 가능성이 높습니다. 다른 한편, 결혼하지 않고 사는 여성은 자신의 삶을 스스로 꾸려 나가야 하기 때문에 앞으로의 생계는 어찌할지, 의미 있는 삶을 위해 무엇을 할지에 대해 찾아보고 실천해볼 수 있습니다.

그 누구도 나의 삶을 대신 살아줄 수 없으며, 내 인생의 길을 대신 가본 사람도 없습니다. 그러므로 자신이 평생 무엇을 하며 살지를 생각해보고 이를 위해 한걸음씩 나아가는 여성은 용기가 필요합니다. 떨리지만, 힘을 내서 막연한 '대기인생'을 벗어나 보는 것입니다. 그러다 보면 갈 길이 보일 것입니다.

어떤 친구가 제게 이런 말을 했습니다.

"이 세상에서 가장 비싼 금이 뭔지 아니? '지금'이래. 소금도 귀하고 황금도 귀하지만, 가장 비싼 금은 지금이야. 지금이란 시간은 아무리 돈을 많이 주고도 살 수 없기 때문이야."

우리는 매순간 가장 귀하고 비싼 '지금'을 살고 있습니다. 현재의 시간은 그 어떤 것과 결코 바꿀 수 없고, 결혼을 위한 대기 시간은 더더욱 아닙니다. 하나님이 내게 주신 귀한 지금을 소중히 여기며 살아야 합니다.

친밀감과 성적 욕망은
어떻게 하나?

주변 친구들과 이야기하다 보면 결혼하고 싶은 이유 중 하나가 이성과의 친밀감 부재, 즉 성적 관계의 아쉬움 때문이라고 토로합니다. 서로 사랑하는 나만의 남자와 함께 정서적·성적 친밀감을 누리며 살고 싶은 기대와 환상이 있습니다.

싱글이 성적 친밀감이 부재한 상태에서 이에 대한 미련과 환상을 품는 것은 당연하지만, 나만의 남자와 정서적·성적 친밀감을 누리지 못해서 사랑받지 못하고 행복하지 않다고 생각하는 것은 잘못입니다. 이성과 결혼에 대한 환상과 집착을 갖는 순간 혼자 행복하게 잘 살던 사람도 자신이 뭔가 부족하고 비참하다는 생각에 빠질 수 있고, 자신의 삶이 불행하다며 우울해지고 자신감을 잃게 됩니다.

이처럼 일부 싱글은 결혼하면 성적 친밀감과 성적 욕망이 채워질 것이라는 기대를 가지고 있지만, 사실 '섹스리스'(sexless)는 구글에서 가장 많이 검색되는 결혼 상담 용어입니다. '결혼'이라는 단어와 연관 검색어로 가장 많이 등록된 것이 '섹스리스'(21,090회), '섹스에 굶주린'(1,658회), '노 섹스'(1,300회)였습니다.[3] 아울러 최근 1년간 성관계 횟수가 월 1회 이하이면 섹스리스로 구분하고 있는데, 라이나생명의 라이프·헬스 매거진 〈헤이데이〉가 강동우성의학연구소와 공동으로 1,090명의 성인 남녀를 대상으로 성 생활 관련 설문 조사를 진행한 결과, 기혼자 743명 가운데 성관계가 월 1회이거나 없다고 응답한 '섹스리스'가 36.1퍼센트에 이르는 것으로 나타났습니다.[4] 이처럼 결혼한 사람들 가운데에도 배우자와 섹스나 정서적 친밀감을 갖지 못하여 고통 받는 사람들이 많고, 이들은 결혼은 했으나 어떤 면에서는 친밀감과 성적 욕망이

3   섹스리스 결혼으로 남몰래 고생하는 여자들의 이야기, The Huffington Post, 2015.05.18
4   우리나라 부부 36퍼센트가 섹스리스 … 세계 꼴찌 수준, 한겨레신문, 2016.06.29

제대로 채워지지 않으므로, 결혼 전보다 더 외롭고 공허한 삶을 살기도 합니다.

결혼을 하면 성적 욕망이나 친밀감이 해결될 것이라는 것은 결혼에 대한 환상과 기대이지, 그것이 결혼한 모든 사람에게 완전히 해결되는 문제는 아닙니다. 따라서 결혼을 통해 이성에 대한 친밀감과 성적 욕망이 완전히 해결되리라는 과도한 환상과 기대를 갖는 것은 바람직하지 않습니다.

마음을 열어
사람과 세상을 보면

하나님이 사람을 성적 존재로 만드셨기에, 사람에게는 성적 욕망이 있고 이성에게 성적 매력을 발산하며 사는 것은 당연합니다. 여성과 남성은 함께 섞어 살고 함께 일합니다. 여성만 있거나 남성만 있는 집단에 가면 이성이 주는 매력과 긴장이 없기에 재미가 없어 심심하다는 말이 나옵니다. 하나님은 여성과 남성이 서로 어울려 살면서, 여성과 남성의 매력을 서로 발산하며 섬기고 살게 하셨습니다.

싱글로 사는 사람도 성적 욕망이 있고, 성적 매력에 대한 욕구와 관심을 갖는 것은 자연스러우며, 삶의 방식이 다양한 것처럼 성적 욕망이나 성적 매력을 표현하는 방법도 다양합니다. 그런데 성적 매력이나 욕구를 표현하는 방법이 꼭 육체적 성관계를 통해서만 이루어지는 것은 아닙니다. 일반 대인관계에서 이성들과의 다양한 만남과 대화 등을 통해 각자의 성적 매력을 자연스레 발산하게 됩니다. 또한 이성에 대한 관심과 성욕도 평생 동일하게 지속되는 것이 아니며 사람마다 다릅니다. 그렇기에 성적 욕망이 삶에서 사람에게 중요한 부분이지만, 성적 욕망 해소나 육체적 관계에 과도하게 집착할 필요는 없습니다. 다양한 사회적 관계와 만남을 통해 여성과 남성이 관계를 맺고, 서로 매력을 표출하며 삶을 풍요롭게 살아가야 합니다.

뿐만 아니라 마음의 눈을 열어 사람을 바라보고 세상을 보면, 내가 행복하기 위해 필요한 것은 나를 사랑하고 내가 사랑할 수 있는 단 한 남자나 여자가 아님을 알 수 있습니다. 바로 그 사람이 없어서 내가 행복하지 않은 것이 아닙니다. 어쩌면 서로 사랑하고 친밀감을 나누기 위해 결혼해야만 한다는 바로 그 생각이 나를 힘들게 하고 괴롭히는 것일지도 모릅니다. 이에 대한 집착을 버리면, 나를 사랑하고 나를 존중해주며 사랑하고 격려하는 내 주변의 친구와 가족, 그리고 하는 일로 인해 충분히 행복할 수 있다는 것을 알게 됩니다.

결혼이 좋은 것이라면,
싱글도 또한 좋은 것이다.
어떤 것도 그 자체로 다른 것보다
낫거나 못하지 않다.

존 스토트

2

교회는 싱글에게
관심 없는 건가요?

교회를 열심히 섬기고 신앙생활을 잘 했지만, 결혼하지 않은 여성에게 돌아온
평가가 '교회 누나'라는 폄하인 것입니다. 왜 그럴까요?
교회 누나들의 믿음과 섬김은 좋지만, 결혼 배우자로는 매력이 없다는 것입니다.

무례한 교인 때문에
교회 가기 싫어요

오늘날 교회에서 싱글로 살아가는 것은 어떨까요. 영국에서 싱글 성인을 대상으로 연구한 필립 윌슨(Philip Wilson)은《오늘날 교회에서 싱글로 살기》(Being Single in the church today)에서 다음과 같이 말합니다.

"싱글들이 경험한 교회는 '극단적으로 실망스러웠다.' 아울러 많은 싱글이 공통적으로 반-성직자주의(anti-clericalism), 교회-스트레스(church-stress), 교회-고통(church-pain)에 대해 말했다."

그렇다면 한국 교회에서 싱글들은 어떤 경험을 했을까요? 한국 교회의 싱글도 상황이 별반 다르지 않습니다.

교회 어른 중에는 결혼할 나이가 되었다 싶은데 결혼하지 않은 사람을 발견하면, 본인의 의사나 배우자 상을 제대로 알아보지도 않고 무조건 짝을 지어주려는 분들이 있습니다. 이런 어른들의 처사에 싱글들은 화가 납니다. 한 친구는 어머니가 어떤 모임에 갔다가 우연히 다른 교회 권사님을 알게 되었는데, 그 권사님이 다짜고짜 자기 교회 청년을 소개시켜주겠다는 제안을 하셨다고 합니다. 어머니에게서 그 제안을 들은 친구는 "무슨 동물 짝짓기를 하느냐?"며 반발했다고 합니다.

한 교회에서 새로 등록한 싱글 여자 집사님이 여전도회 야

유회에 참가하게 되었습니다. 어느 권사님이 인사를 나누다 이분이 싱글인 것을 알게 되었습니다. 그런데 그 집사님은 싱글이라는 자기소개가 채 끝나기도 전에 갑자기 권사님이 "왜 결혼 안 했어? 돌싱이야?"라며 '직구'를 던지는 바람에 충격을 받았다고 합니다. 이제 막 통성명을 했을 뿐 잘 알지도 못하는 사이인데, 자기가 결혼 안 한 이유까지 설명해야 합니까? 그런 질문을 받으니 기가 막혔겠죠. 그녀는 그때부터 교회 사람들이 조금 무서워졌다고 털어놓았습니다.

50대 형제자매 세 명이 결혼하지 않고 함께 살고 있는 가정이 사정이 생겨 다니던 교회에서 먼 곳으로 이사를 가게 되었습니다. 그 중 한 자매가 이런 말을 합니다.

"'집 근처 교회로 옮길까?'도 생각해봤지만, 새로운 교회에 가서 삼남매가 다 결혼하지 않고 싱글로 살고 있다는 사실을 구구절절 또 설명하는 것이 힘들어 교회 옮길 생각을 선뜻 하지 못하겠습니다."

단지 결혼한 상태가 아니라는 이유만으로 왜 이렇게 교회 생활이 힘든 걸까요?

앞에서도 여러 번 강조해서 말했지만, 결혼이 인생의 목표는 아닙니다. 결혼은 소중하기에 아무나와 함부로 할 수 있는 것이 아닙니다. 단지 결혼하지 않았다는 이유로, 싱글에게 결혼 조건이나 나이 같은 것도 따지지 말고 잘 알지도 못하는 사람을 무조건 만나 보라고 권하거나 결혼을 강요하는 것은 큰 실례이고 무례한 행동입니다. 싱글은 결혼하지 않았다는 이유로 자신을 평가절하하고 인격 모독까지 서슴지 않는 사람에게, 자기 존재를 있는 그대로 인정해주지 않는 사람에게 상처를 받습니다.

교회 공동체는 성도끼리 서로 섬기고 사랑을 실천하는 공동체입니다. 그러다 보니 다른 사람의 삶이나 신상에 관심을 많이 보이고 친밀한 관계를 갖게 됩니다. 그런데 성도들의 과도한 관심이 결혼 상태에 있지 않은 사람에게는 부담이 되기도 합니다. 교회 공동체는 여전히 결혼으로 형성된 가족 공동체 중심으로 구성되고, 모든 체계와 교육 시스템이 결혼 중심으로 돌아가기 때문입니다.

그러나 교인으로서 결혼을 하지 않으면 어떻고 '돌아온 싱글'이면 어떻습니까? 교회에서는 사람들의 결혼 유무가 왜 그리 중요한지 모르겠습니다. 하나님 사랑과 이웃 사랑을 이야기하는 교회에서 싱글을 배려하지 않고 왜 그렇게 함부로 말을 할까요? 교회 공동체는 다른 공동체보다 말을 더 조심하고 상대방을 배려하는 공동체가 되어야 할 텐데 말이지요.

저출산의 주범이
싱글인가요?

한 친구가 기독 단체에서 일하면서 경험한 당혹스러운 일을 들려주었습니다. 남자 목사님들과 여자 임원들이 식사하는 자리에서, 사회 문제 중에 저출산 문제가 거론되었습니다. 그 문제의 원인이자 해결방안으로 나온 것이 "여자들이 아기를 안 낳아서 그렇다. 결혼해서 아기를 많이 낳아야 한다"는 이야기였습니다. 남자 목사님들은 "사라의 축복이 있기를" 하는 말을 말 그대로 축복처럼 말했고, "우리 교회에서는 50대 권사님도 아기를 낳았다"면서 중년이 지난 여자들에게 "아직도 늦지 않았습니다"라는 농담도 했습니다. 그래놓고 다들 "하하 호호 껄껄" 하며 웃었다고 합니다. 그런 다음 한 여성 단체의 임원이 그 자리에 참석했던 여성 목사님을 지목하더니, "여기에도 결혼 안 한 여자 목사가 있습니다. 시집보내야 합니다"라고 말했습니다. 그 여성 목사님은 정말 말로 표현할 수 없는 모욕감을 느꼈다고 합니다. 그 와중에 여성 목사님과 가까운 자리에 있던 권사님들이 이랬답니다.

"그래요. 목사님도 결혼해야지요. 애도 낳아야지요."

결국 여성 목사님이 정색하며 항변했습니다.

"우리 사회 저출산이 다 제 책임인가요? 저만 결혼하면 되나요? 이런 자리에서 개인의 결혼을 거론하지 않으셨으면 좋겠어요."

하지만 오히려 그 여성 목사님만 이상한 사람 취급을 받았다고 합니다. 그 여성 목사님은 그 뒤에도 남자 목사들과 교회 여성 임원이 모인 자리에서 비슷한 일을 또 겪었다고 합니다. 그 자리는 교회 안에 여성 장로를 많이 세우도록 협조를 부탁하는 자리였는데, 한 남자 장로님이 앞으로 나오더니 엄한 음성으로 이런 말을 하기 시작했습니다.

"저출산의 문제를 해결하기 위해 교회가 출산장려운동을 해야 되는데, 그 걸림돌이 싱글 여성들이고, 특히 결혼 안 한 여자 목사가 문제입니다."

그런 말로 분위기를 몰아가는데, 제지하는 사람이 아무도 없었다고 합니다. 그 말을 듣고 있던 여성 목사님은 속에서 천불이 났습니다.

우리나라 저출산 문제가 여자들이 아이를 안 낳아서 생긴 것입니까? 생물학적으로는 맞는 말입니다. 남자는 아이를 낳을 수 없으니까요. 그렇다면 여성들이 왜 아이 낳기를 어려워할까요? 그 원인에 대한 생각은 왜 하지 않습니까? 아이를 낳으면 누가 책임지나요? 사람들은 속편하게 아이 낳으라는 소리만 하지, 그 책임은 부모가 다 감당해야 하는데 말입니다.

우리나라는 아이를 낳아 양육할 수 있는 사회복지가 잘 구비돼 있는 편이 아닙니다. 누구나 아이를 낳으라는 소리는 쉽게 할 수 있습니다. 하지만 아이를 낳았을 때 함께 돌보고 양육하고 교육비를 책임질 것이 아니라면, 아이를 낳으라는 말만 하는 건 무책임한 겁니다. 누구는 아이 많이 낳으라는 말을 우아하게 할 줄 모르나요? 아이 낳으라고 말하는 사람들은 대개 말만 하고 아무 책임을 지지 않습니다. 이 나라에서 아이를 낳아도 잘 키울 수 있고, 여성의 삶의 질도 올라가고, 가족이 다 행복하게 살 수 있으면, 아이를 낳지 말라고 해도 다들 아이를 많이 낳을 것입니다.

교회는 성도들이 자녀를 잘 낳아 키울 수 있도록 무엇을 돕고 있습니까? 교회에서 출산장려운동을 하려면, 먼저 교인들이 자녀를 낳아서 키우는 일에 실제적인 도움을 주어야 할 것입니다. 아무런 도움도 주지 않으면서 아이 낳으라는 말만 한다면 설득력이 없을 것입니다.

게다가 싱글이 결혼하지 않아서 저출산 문제가 생겼다고요? 싱글이 저출산 문제의 주범이라고요? 저출산 문제는 사람들이 단순히 결혼하지 않아서 생기는 것이 아닙니다. 우리나라처럼 교육과 소득수준은 높지만 가부장 성격이 강한 사회에서는 여성이 출산 후에 혼자 육아를 감당하는 이른바 '독박 육아'를 하거나, 아니면 일과 육아를 병행하면서 고달픈 삶을 살아야 합니다. 그래서 여성이 출산을 기피하고, 남성도 자녀 돌봄과 양육비에 대한 부담으로 아이를 많이 낳는 것을 힘들어하는 판입니다. 이처럼 결혼한 사람들도 아이를 잘 낳지 않는 판국에 싱글을 저출산의 주범으로 모는 것은 사회적 소수에 대한 편견을 넘어 억압이라 할 수 있습니다.

싱글은 교회 리더가 될 수 없나요?

한 싱글 여성이 교회에서 리더로 섬기기 위해 목자 훈련을 받고 드디어 목자가 되었습니다. 이 소식을 들은 교인들이 축하 인사말을 건넸습니다.

"잘 됐네, 이제 목자가 되었으니 결혼만 하면 되겠다."

다른 싱글 여성이 목사님에게 "교회 공동체에서 싱글 목자로 섬길 때 유익한 점이 뭐가 있을까요?"라고 질문했더니 "없다"라는 외마디 대답이 돌아왔다고 합니다. 그 목사님의 설명은 이러했습니다.

"목자는 부부 둘이 해도 어렵다. 둘이 해도 어려운 일을 혼자 하니 더 어렵다. 하지만 더 어려우니 상급은 더 크다."

무슨 의도로 하신 말씀인지는 알겠으나, 싱글 목자를 조금 더 배려하고 격려해주는 대답이 아쉽습니다.

싱글에 대한 편견은 이뿐이 아닙니다. 교회에서 목사를 청빙할 때 보통 결혼한 목사를 뽑습니다. 싱글 목사가 어떻게 성도들을 돌볼 수 있겠냐고 생각하는 것입니다. 교회는 아직도 싱글인 사람이 평신도 목자나 목회자로 섬기는 것이 적합하지 않다는 선입견이 지배적이라, 싱글에게 리더십을 부여하기를 망설입니다.

교회에는 결혼한 사역자가 목회에 안정적이고 전력을 쏟을 것이라는 고정관념이 강합니다. 그러나 사실 결혼한 목회자는 가족 때문에 목회에 집중하기 어려운 경우가 많습니다. 사역자로서 하나님이 자신을 부르신 부름에 응답하여 소신껏 공동체를 섬기면서 사역하기 원하지만, 때로는 가족과 자녀 교육 때문에 하나님이 주신 사역을 제대로 펼치지 못하고 포기하는 경우를 보았습니다. 제가 아는 목사님은 다른 나라에 선교사로 가기를 원했지만, 배우자의 반대로 국내에서 목회하면서 아쉬워합니다. 때로는 결혼한 사역자가 성도들을 돌보는 사역에 집중하느라 가족을 제대로 돌보지 못해, 가족이 상처를 받는 경우도 보았습니다. 결혼한 사역자는 가족이 있기에, 사역에서 자녀와 배우자의 상황과 의견을 고려해야 합니다. 그리하여 사역에 제한을 받을 수 있고, 집중하기 어려운 경우도 있습니다. 사도 바울도 이렇게 지적합니다.

"너희가 염려 없기를 원하노라 장가 가지 않은 자는 주의 일을 염려하여 어찌하여야 주를 기쁘시게 할까 하되 장가 간 자는 세상 일을 염려하여 어찌하여야 아내를 기쁘게 할까 하여 마음이 갈라지며 시집 가지 않은 자와 처녀는 주의 일을 염려하여 몸과 영을 다 거룩하게 하려 하되 시집 간 자는 세상 일을 염려하여 어찌하여야 남편을 기쁘게 할까 하느니라"(고전

7:32-34).

바울은 싱글이 가족에 매이지 않고 전적으로 주의 일을 염려하여 공동체 사람을 챙기고 섬길 수 있다고 말합니다. 반면, 결혼한 사람들은 배우자를 기쁘게 하는 데 신경을 쓰느라 마음이 갈라져 공동체 섬김에 전력투구하기 어렵다고 말한 것입니다. 성서도 이렇게 말하는데, 왜 교회는 이런 점을 간과하고 무조건 결혼한 사람만 성도들을 섬기는 목회에 적합하다고 보는지 모르겠습니다.

싱글 사역자가 목회에 유익하지 않다고 생각하는 사고는 어디에서 왔을까요? 사람들은 예수님도 싱글이어서 성도를 섬기는 데 적당하지 않다고 말할까요? 아마도 싱글인 예수님이 지금 우리 시대에 오셨으면 교회 공동체 리더나 목사로 섬기기 어려웠을지도 모릅니다. 예수님이 결혼하지 않았기 때문에 교회 리더로 섬기는 데 부족하다고 말할 사람이 혹여 있을지도 모르겠습니다. 사람들 대부분이 예수님은 특별한 경우라고 생각하지만요. 그런 한편, 가톨릭이 성직자들에게 성도를 전적으로 섬기게 하려고 독신 서원을 하게 하는 것은 어떻게 이해하면 좋을까요?

40대 초반의 한 싱글 여성 목사는 교회에서 청년부 사역을 하고 있습니다. 그녀는 싱글이기에 새벽이고 늦은 저녁이고 일이 있을 때마다 언제든지 신속하게 움직이며 교회 청년 공동체를 섬깁니다. 만약에 그녀가 결혼한 사역자였다면 그런 사역에 제한이 많았을 것입니다. 그러나 그녀는 싱글 사역자이기에 교회와 성도들을 섬기는 데 전력투구할 수 있습니다.

또 다른 40대 후반의 싱글 목사는 일반 교회에서 사역하다 아프리카 케냐에 선교사로 나갔습니다. 선교사가 되고 싶다는 오랜 기도 제목이 있었는데, 싱글 사역자이기에 거치는 것이 없어 자신이 소망하는 사역을 하게 되었습니다. 또 한 친구는 기독교 기관에서 기관 목사로 일하다 마흔을 맞이하면서 과감하게 정리하고, 젊은 친구들과 더불어 믿지 않는 사람들과 접촉점을 만들고 세미나도 열면서, 그야말로 새로운 사역을 준비하고 있습니다. 이들이 이처럼 변화를 추구하고 새로운 사역에 집중할 수 있었던 것은 이들의 성향과 바람 탓이기도 하지만, 싱글이기 때문에 좀 더 자유롭게 원하는 일을 할 수 있는 것입니다.

사람들이 가진 기존의 전형적인 사고방식을 마치 하나님의 말씀처럼 여기고 답습하는 것이 아니라, 마음이 새롭게 되어 우리 눈이 활짝 열려 하나님의 마음과 뜻을 분별하고, 하나님의 아들인 예수님을 바라보며 우리의 잘못된 통념과 편견은 버리면 좋겠습니다.

교회 누나와
교회 오빠의 차이

47세 지나 씨는 교회의 평신도 사역자로서 차분한 미모의 여성입니다. 그녀가 이런 말을 합니다.

"우리 교회에는 싱글이 아니면 일할 사람이 없어요. 싱글 여성은 교회의 기둥이에요. 싱글들이 교회에서 얼마나 열심히 봉사하는데요. 우리 교회는 40-50대 싱글 여성 목자들이 없으면 공동체가 유지되지 않아요. 그런데 '네가 있어서 우리 교회가 얼마나 다행인가'라는 말은커녕 '결혼 안 해서 어떡하니' 하고 걱정하는 말만 하세요. 교회에서 싱글 여성들의 역할이 굉장히 큰데, 이를 인지하지 못하고 엉뚱한 소리를 해서 기운 빠지게 하세요."

지나 씨처럼 교회에서 열심히 봉사하고 섬기는 여성을 일컬어 '교회 누나'라고 부릅니다. 하지만 '교회 누나'라는 표현은 그렇게 긍정적인 의미를 연상시키지 않습니다. 이 호칭에는 소위 말하는 '결혼 적령기'를 지나 교회 공동체를 섬기는 일에 헌신하는 여성이라는 의미가 담겨 있습니다. '열심히 교회를 섬기는 누나'라는 표현이 이성적으로 매력 있는 여성, 연애하고 싶은 여성이라는 느낌보다 믿음이 강한 '신앙 전사'의 느낌을 주고, 오히려 여성으로서 매력 없음을 의미하는 경우가 많습니다.[5] 어떤 면에서는 싱글로 열심히 신앙생활을 하는 여성을 폄하하는 느낌까지 들 정도입니다.

교회에서는 믿음과 봉사를 중요시하지만, '결혼 시장'에서는 역설적으로 믿음 좋고 교회 봉사 열심히 하는 30-40대 싱글 여성이 결혼 배우자로는 좋은 평가를 받지 못할 때가 많습니다. 교회를 열심히 섬기고 신앙생활을 잘 했지만, 결혼하지 않은 여성에게 돌아온 평가가 '교회 누나'라는 폄하인 것입니다. 왜 그럴까요? 교회 누나들의 믿음과 섬김은 좋지만, 결혼 배우자로는 매력이 없다는 것입니다. 믿음이 강한 여성은 자기주장이 강하고 여성으로서 매력이 없다는 성차별적 편견이 가미되었기 때문입니다.

반면에 '교회 오빠' 이미지는 아주 좋습니다. 교회 다니는 친절하고 예의바른 남자, 교회 섬김에 솔선수범하는 것처럼 다른 사람도 잘 배려하는 남자, 거기다 요즘에는 외모, 스펙, 직장까지 받쳐주는 남자가 '교회 오빠'의 모델입니다. 여성이 좋아하는 이미지와 조건에 신앙까지 있으니, 여자나 술 담배와 거리를 두고 깔끔하게 바른 생활을 하는 남자 이미지를 가진 것입니다. 그래서 '교회 오빠'는 결혼하고 싶은, 매력 있는 남자로 여겨집니다.

---

5   [교회 누나 '4000만 바울'인가] 교회 누나는 로맨스가 필요해, 국민일보, 2013.11.15

똑같이 교회에 다니는데, 도대체 '교회 누나'와 '교회 오빠'에 대한 평가가 이렇게 상반될 수 있을까요? 신앙 좋고 교회 공동체에 헌신적인 '교회 누나' 모델은 믿음만 좋고 이성으로서는 매력 없다는 야박한 평가 때문에, 싱글 여성에게 '나도 교회 누나로 불리면 어쩌지?' 하는 두려움을 갖게 합니다.

한 친구는 싱글 여성에 대한 이런 낙인을 보면서, 이런 분위기에서 누가 싱글로서 교회 다니고 싶겠느냐고 되묻습니다. 남성뿐 아니라 여성도 싱글로 사는 것을 두려워하고 교회의 여성들조차 '교회 누나'에 대한 편견이 있기 때문에, 여성이 아무리 사회적으로 성공하고 교회 봉사 열심히 하고 믿음이 좋아도, 싱글로 사는 것은 교회에서 좋은 모델이 되지 못하는 것 같습니다.

교회에서는 이제 싱글 여성들의 봉사와 섬김을 받고 누리기만 할 것이 아니라, 싱글 여성에 대한 편견을 없애고 배려하면서, 이들이 행복하게 교회 공동체 일원으로서 신앙생활을 할 수 있도록 돕는 데 적극적으로 앞장서야 하지 않을까요?

싱글 모임에 참여하면
결혼 못 해요?

저는 싱글 여성 두 명과 함께 5주간 '스스로 꽃필 수 있는 삶'이라는 제목으로 '결혼하지 않은 여성을 위한 세미나'를 진행한 적이 있습니다. 이 세미나의 취지는 여성이 결혼을 하든 하지 않든, 하나님이 주신 현재의 삶을 풍성하고 충실하게 살 수 있도록 돕자는 것이었습니다.

이 세미나를 처음 홍보했을 때 호의적 반응을 보인 사람들이 많았습니다. 하지만 "도대체 그런 세미나를 왜 하느냐?", "그런 세미나 가면 결혼하기 힘들어져", "그 세미나 소개했다가 오해받을 수도 있어"라는 소리도 들었습니다. 교회 내에서 싱글에 대한 편견을 단적으로 보여주는 반응입니다.

제가 섬기던 교회는 70년 넘는 역사를 자랑하고 많은 성도들이 오랫동안 함께 신앙생활을 해왔습니다. 저는 그 교회를 섬기면서 싱글 모임을 만들어보고 싶었습니다. 싱글로 사는 친구들과 교제를 나누고 성경공부도 하며 격려하고, 의식 변화도 꾀하고 싶었습니다. 하지만 교회에서 싱글 모임을 만드는 것이 쉽지 않았습니다. 작은 규모의 교회가 아닌데도 교회 구성원끼리 서로를 어느 정도 잘 알기에, 싱글 모임을 만들었을 때 사람들 눈에 띄고 쓸데없는 말을 들을 수 있기에 참여하기 부담스러웠던 것입니다. 그래서 제가 '싱글 모임' 이야기를 꺼내면 "사람들이 안 갈 거다. 왜냐하면 거기 가면 '싱글'이라는 사실이 눈에 띄기 때문이다"라는 말을 듣곤 했습니다.

제가 한 싱글 친구에게 함께 싱글 모임을 해보면 어떻겠느냐고 제안하자, 그 친구는 "저는 조용히 교회 다니고 싶어요"라고 답했습니다. 아마 많은 싱글들이 이런 생각을 갖고 있지 않나 싶습니다. 자신이 싱글로서 사람들 눈에 띄는 것이 부담스럽고, 또한 싱글이 아닌 사람들이 싱글끼리 모이는 것을 마땅치 않게 보는 것을 의식하기 때문입니다. 싱글들은 싱글 모임에 대한 교인들의 이런 반응 때문에 현재의 삶을 편안하게 느끼지 못하고, 독립적인 삶을 훈련받을 수 있는 좋은 기회도 놓치고 맙니다. 저는 싱글인 목사로서 결혼 상태에 있지 않는 사람들이 현재의 삶을 잘 살 수 있도록 돕고자 한 것인데, "싱글끼리 모아 놓으면 더 결혼하기 어렵다"는 소리를 듣기도 했습니다. 그래서 몇 번 기회를 보다 교회에서 개인적으로 싱글들을 돕고 격려하는 일로 만족해야 했습니다. 하지만 목사로서 항상 부담감과 미안한 마음이 있습니다.

교회는 현재 싱글로 사는 사람들이 싱글의 삶을 소중히 여기며 주어진 시간을 잘 보낼 수 있도록 도와주어야 합니다. 지금 싱글의 삶을 잘 살면 앞으로 결혼을 하든 안 하든 건강하고 안정적으로 잘 살 수 있는 기반이 마련됩니다. 따라서 싱글 모임과 싱글 세미나 같은 싱글을 위한 활동에 대한 부정적 시선이나 편견을 거두고, 오히려 적극적으로 권해주는 것이 옳습니다.

성서는 고아와 과부, 곧 사회적 약자의 삶을 배려하라고 요청합니다. '왜 고아와 과부를 배려하라고 요청할까?' 하고 다시 생각해보니, 사람들이 가족과 결혼 제도에서 소외된 고아와 과부를 무례히 대했기 때문이란 생각이 듭니다.

흔히 우리는 교회에서 결혼에 관해 다음과 같은 이야기를 듣습니다.

"결혼은 하나님이 인간을 위해 제정하신 제도입니다. 하나님이 여자와 남자를 만드셔서 결혼하게 하시고 가정을 허락해 주셨습니다. 사람이 독처하는 것이 좋지 못하니 사람을 위하여 돕는 배필을 지으신 것입니다. 결혼을 통해 꾸려진 가정은 인간의 기본 공동체이며, 이상적이고 안정적인 모델입니다. 그러니 결혼해야 합니다. 사람은 홀로 살 때 외로움과 고독감을 크게 느끼며 인생에 어려움을 겪게 됩니다. 그래서 결혼해야 합니다. 결론은 좌우간 결혼해야 합니다. 결혼하십시오."

결혼이 하나님이 남자와 여자의 결합을 위해 제정하신 제도인 것은 분명하고, 남녀가 만나 결혼하고 자식을 낳고 가정을 꾸려나가는 일은 당연히 좋습니다. 하지만 모든 사람이 다 결혼하는 것도 아니고, 모든 결혼 생활이 다 완벽하지 않습니다. 행복한 결혼도 있고, 불행한 결혼도 있습니다. 거기다 사회가 변화되고 복잡해지면서 사람들의 삶의 방식도 다양해지고 있습니다. 이런저런 이유로 결혼하지 못하는 사람, 결혼 안 하는 사람, 이혼한 사람도 점점 많아지고 있습니다. 이들에게 이상적인 결혼이나 결혼 예찬 설교는 듣기 거북할 것입니다.

"하나님이 결혼 제도를 만드셨다고 하는데, 그리스도인이지만 하나님이 만드신 결혼 제도 안에 속하지 않은 사람은 어찌해야 할까요?"

싱글의 고민이 깊어집니다. 많은 싱글이 앞서 언급한 기독교 결혼관 때문에 힘든 이유는 하나님이 만드신 결혼 제도와 이상적인 가정 모델이 현재 자신의 현실과 상황에 적용되지 않기 때문입니다. 하나님이 만드신 결혼과 가정을 독려하는 원론적인 이야기는 결혼하지 않고 사는 사람들의 삶을 격하시켜 열등하고 무언가 부족한 것으로 느끼게 합니다.

싱글도 배려받아야 할
사회적 약자다

기독교 결혼관이 팽배한 교회에서 싱글들은 자신의 삶을 이해받지 못하고 결혼하지 않음으로 인해 면박당하며, 자신의 삶을 있는 그대로 존중받지 못할 때가 많습니다. 이러한 환경에서 현재 결혼 상태에 있지 않은 사람들이 교회 공동체에서 자존감을 갖고 자신을 드러내며 살기는 쉽지 않습니다. 이런 분위기에서 '내가 구태여 교회 가서 그런 대접을 받으며 신앙생활을 해야 하는가?' 하는 자괴감이 듭니다.

하나님은 그분의 형상으로 여성과 남성을 만드시고 세상에서 함께 살도록 복을 주셨습니다. 결혼은 여성과 남성이 가족을 만들고 어울려 사는 삶의 중요한 존재 방식이지만, 유일한 방식은 아닙니다. 그것은 현재 사람들의 삶의 모습을 살펴보면 금방 드러납니다.

교회 공동체에는 결혼한 사람, 이혼한 사람, 사별한 사람, 결혼하지 않은 사람들이 어울려 살고 있습니다. 그러므로 교회에서 다양한 사람들에 대해 좀 더 마음을 열고, 다양한 삶에 대한 이해와 배려가 있으면 좋겠습니다.

성서는 고아와 과부, 곧 사회적 약자의 삶을 배려하라고 요청합니다. '왜 고아와 과부를 배려하라고 요청할까?' 하고 다시 생각해보니, 사람들이 가족과 결혼 제도에서 소외된 고아와 과부를 무례히 대했기 때문이란 생각이 듭니다. 사람들이 고아와 과부를 알아서 잘 존중해주고 함께 어울려 살았다면, 굳이 이들을 보호하라고 명하지 않았을 것입니다.

교회에서 결혼을 언급할 때 구약 성서 창세기의 아담과 하와 이야기를 자주 인용합니다. 그런데 신약 성서에는 예수님이 등장합니다. 예수님은 아담 이후 새로운 인간을 대표하는 분으로 하나님이 세상에 보내신 하나님의 아들입니다. 하나님은 예수님이 홀로 계시는 것을 보고 외로워 보인다고, 예수님께 배우자를 만들어 주어야겠다고 말씀하시지 않았습니다. 하나님은 홀로 있는 예수님을 그대로 사랑하고 기뻐한다고 말씀하셨습니다(마 3:17).

개신교가 싱글 라이프에
거부감을 갖는 이유

개신교는 왜 싱글 라이프에 대해 거부감을 갖거나 소홀히 다루게 되었을까요? 스티브 반타셀(Stephen Vantassel)은 개신교가 싱글의 삶에 대해 거부감을 갖는 이유에 대해 이렇게 말합니다.[6]

첫째, 마틴 루터가 결혼에 선택권이 없는 가톨릭교회의 독신 성직 제도를 공격한 이래, 개신교는 결혼이 하나님과 이웃을 섬기는 데 이상적인 삶의 형태라고 간주하였습니다. 종교개혁자들의 이런 입장은 개신교에 녹아들었고, 이는 가톨릭교회와 또 다른 극단적 사고를 통해, 개신교에서 싱글에 비해 결혼을 상대적으로 우위에 두는 사고방식을 형성하였습니다.

둘째, 개신교에 녹아든 결혼 우위의 사고방식은 싱글 목회자가 결혼한 사람들을 상담해본 실제 체험이 없기에 이 부분에서 효과적인 목회를 할 수 없을 것이라는 편견을 만들어냈습니다. 이는 싱글 목회자와 싱글을 소홀히 여기는 것으로 나타난다고 언급합니다. 우리는 예수님과 바울이 싱글이었음을 기억해야 합니다. 예수님과 바울은 가족 문제에 관하여 하나님이 주신 통찰력과 지혜로 효과적인 가르침을 수행하였습니

---

6 '독신, 망각해버린 성령의 은사', 목회와 신학, 2000년 5월호

다. 또 개신교회와 반대로 가톨릭교회는 전적으로 하나님과 이웃을 사랑하고 섬기게 하려고 독신 사제 제도를 고집하고 있습니다. 동일하게 하나님과 이웃을 섬기기 위해 한쪽에서는 싱글을, 다른 한쪽은 결혼이라는 삶의 방식을 선호합니다. 이를 생각해보면, 결혼이나 싱글 중 어느 한쪽이 성경적인 삶의 방식이라기보다, 이를 해석하고 적용하는 입장에서 오는 차이라고 볼 수 있습니다.

셋째, 반타셀은 사람들이 자신과 다른 삶의 방식을 살고 있는 사람에 대해 가지고 있는 불안감과 거부감 때문이라고 분석합니다. 이는 다양성 가운데 하나됨을 추구하는 기독교 정신에 어긋납니다. 아울러 현대 사회처럼 사람들의 삶의 방식이 다양해진 상황에서 결혼만을 성숙하고 정상적인 삶의 방식으로 고집하는 것은 사람들의 실제 삶에 대한 불감증에서 비롯된 편견이라고 볼 수 있습니다.

넷째, 그는 현대사회에 팽배한 성적 쾌락에 대한 영향력에서 결혼 우위 사상이 비롯되었다고 봅니다. 현대 대중 소비문화는 성을 상품화하고 우상화합니다. 이로 말미암아 그리스도인들 가운데에도 육체적 성을 누리지 않고 사는 것이 불행하고 결핍된 삶이라는 견해가 스며들었습니다. 그러나 우리는 성이 하나님이 주신 귀한 선물이지만 필수적인 것은 아니라는 것을 인지해야 합니다.

다섯째, 그는 싱글 생활 자체를 문제 삼지 않으나 교회에서 과연 싱글 생활에 관해 가르쳐야 하는지를 의문시하는 입장이 문제라고 봅니다. 특히 개신교에는 결혼에 대한 강의나 설교는 많은 편이지만 싱글에 대해서는 거의 다루지 않고 있습니다. 이는 싱글에 대한 차별적 사고 때문입니다.

싱글에 대한
존 스토트의 의견

마태복음 19장 11-12절은 싱글로 사는 사람들에 관해 언급한 예수님의 말씀입니다.

"사람마다 이 말을 받지 못하고 오직 타고난 자라야 할지니라. 어머니의 태로부터 된 고자도 있고 사람이 만든 고자도 있고 천국을 위하여 스스로 된 고자도 있도다. 이 말을 받을 만한 자는 받을지어다."

12절에 '고자'라는 말이 세 번 나오는데, 이는 독신으로 사는 사람들을 의미합니다.《싱글? 하나님의 뜻》의 부록에 실린 인터뷰에서 존 스토트는 이 말씀을 이렇게 설명합니다.

예수님은 사람들이 결혼하지 않는 이유를 세 가지로 열거하십니다.

첫째, 어떤 사람들은 "처음부터 결혼하지 못할 몸으로 태어났기"때문에 그렇게 한다는 것이지요. 여기에는 신체적인 결함이나 동성애 성향을 가진 사람이 포함될 수 있다고 봅니다.

둘째, "사람의 손으로 그렇게 된" 사람들도 있지요. 여기에는 강제로 거세를 시키는 끔찍한 고대의 풍습으로 희생된 사람들이 포함될 수 있습니다. 또한 오늘날에도 어떤 강제나 외부적인 환경으로 말미암아 싱글로 남아 있는 모든 사람들이 여기에 포함될 것입니다. 연로한 부모님을 돌보기 위하여 결혼을 포기할 수밖에 없다는 의무감을 느끼는 딸을 생각해볼 수 있을 것입니다.

셋째, 예수님께서는 "하늘나라를 위하여 스스로 결혼하지 않는 사람도 있다"고 말씀하세요. 이러한 부류는 안팎으로 아무런 압력도 받지 있고 않지만, 자원하는 마음으로 일시적으로든 영구적으로든 결혼을 내려놓고, 한결같은 헌신을 요구하는 하나님 나라를 위해 어떤 일을 감당하는 사람들이지요.

예수님은 사람들이 다양한 이유로 결혼하지 않고 살 수 있다고 말씀하시며, 싱글의 삶도 지지해주십니다. 예수님은 하나님 나라를 위해, 하나님의 뜻을 이루기 위해 싱글로 사셨습니다. 그러나 사람들은 예수님과 싱글로 사는 제자들이 결혼하지 않았다며 모욕적인 언행을 했을 것이고, 예수님도 그런 말을 들으셨을 것입니다. 하지만 예수님은 유대 전통을 넘어서, 자신의 제자들에게 독신 생활을 받아들일 수만 있다면, 그렇게 사는 것도 좋다고 지지하셨습니다(마 19:8-12).

바울이 싱글을
선호한 까닭

바울은 어떠했습니까? 바울도 싱글로 살았습니다. 사람들이 바울이 혼자라서 외로워 사역을 제대로 할 수 없다고 판단했습니까? 아니면 바울 자신이 혼자라서 하나님의 일을 하기 힘들다고 고백했습니까? 오히려 바울은 혼자이기 때문에 마음이 나뉘지 않고, 전적으로 하나님의 일에 헌신할 수 있다고 말했습니다.

바울은 고린도전서 7장 7-9절에서 이렇게 말합니다.

"나는 모든 사람이 나와 같기를 원하노라 그러나 각각 하나님께 받은 자기의 은사가 있으니 이 사람은 이러하고 저 사람은 저러하니라 내가 결혼하지 아니한 자들과 과부들에게 이르노니 나와 같이 그냥 지내는 것이 좋으니라 만일 절제할 수 없거든 결혼하라. 정욕이 불같이 타는 것보다 결혼하는 것이 나으니라."

바울은 그 당시 교회가 처하게 될, 임박한 종말의 박해가 일어날 때를 대비하여 결혼하지 않는 것을 더 좋게 여긴 것입니다. 그러나 바울은 싱글로 사는 것은 성 생활을 삼가며 살 수 있을 때 합당하다고 말합니다. 그는 그리스도인 각자가 하나님이 자신을 부르신 상황과 환경에서 그대로 머물러 있으라고 권합니다. 바울이 싱글로 사는 것을 선호한 것은 교회가 종말의 박해를 받을 때, 결혼한 사람은 배우자와 자녀를 돌보는 일도 신경 써야 하므로, 하나님을 전적으로 섬기기가 쉽지 않기 때문입니다.

여기에 싱글 라이프의 장점이 드러납니다. 싱글로 살면 배우자나 자녀에 의해 제약받거나 신경 쓰지 않고 하나님을 전적으로 섬길 수 있고, 자기 일도 집중해서 할 수 있는 시간적, 공간적 특권을 선물로 받습니다. 결국 어떤 삶이든 얻는 것이 있으면 잃는 것도 있습니다.

고린도전서 7장을 정리해보면, 바울은 다음과 같은 이유로 성도들에게 싱글로 남아 있기를 권했습니다. 환란이 임박한 이 세상의 삶에서 결혼으로 인한 고난을 피하기 위해(고전 7:28), 근심과 염려로부터 자유롭기 위해, 하나님께 전적으로 헌신하기 위해(고전 7:34-35), 그리고 행복하기 위해서였습니다. 바울은 과부가 혼자 남아있는 것이 행복하다고 보았습니다(고전 7:40).

결론적으로, 예수님과 바울의 논점은 "결혼을 하느냐 하지 않느냐"가 아니라 "하나님을 전적으로 섬기는 것"에 두었음을 기억해야 합니다.

7장

기독교인은 반드시

결혼해야 하는가?

교회는 마치 결혼해야 하나님 앞에 중심을 잡고, 결혼해야 하나님께 의탁하는 삶을 살 수 있는 것처럼 결혼을 강조합니다. 그리스도인은 결혼이 아니라 먼저 하나님께 의존해야 하는 것이 아닐까요?

구약 성서가 쓰여진 사회 문화적 배경을 보면 유대인의 삶의
방식은 유목, 가부장제, 그리고 일부다처제입니다. 히브리인
들이 사후에 영구적으로 살아남기 위해서는 일차적으로 가문
의 이름을 알리는 것, 특히 장자를 통해 후세에 이름을 널리 전
하는 문제가 중요하게 대두되었습니다. 그리하여 결혼해서 자
식을 많이 낳고 가족이 번성하는 것이 축복이었습니다. 따라
서 싱글이라는 삶에 대해 부정적이었던 이유는 성 생활을 못
한다는 것보다 가계를 이을 자식을 낳을 수 없다는 사실이었
습니다.

　반면 신약 성서에서 예수님은 결혼과 가족에 대한 획기적인
생각을 제시하셨습니다. 예수님의 가족이 예수님을 만나러 왔
습니다. 그 소식을 전한 사람에게 예수님은 "누가 나의 어머니
이며 누가 나의 형제들이냐?"고 반문하시며, 손을 내밀어 제자
들을 가리키고 말씀하셨습니다.

　"나의 어머니와 나의 동생들을 보라. 누구든지 하늘에 계신
내 아버지의 뜻대로 하는 자가 내 형제요 자매요 어머니이니
라 하시더라"(마 12:48-50).

　예수님은 혈연 중심 가족보다 하나님의 뜻대로 사는 사람이
진정한 예수님의 가족이라고 말씀하신 것입니다.

또한 예수님은 혈연과 결혼이라는 렌즈로 부활의 삶을 이해하고 있는 유대인에게, 부활 때에는 결혼하지 않고 하늘의 천사들과 같이 산다고 말합니다.

"부활이 없다 하는 사두개인들이 그 날 예수께 와서 물어 이르되 선생님이여 모세가 일렀으되 사람이 만일 자식이 없이 죽으면 그 동생이 그 아내에게 장가 들어 형을 위하여 상속자를 세울지니라 하였나이다 우리 중에 칠 형제가 있었는데 맏이가 장가 들었다가 죽어 상속자가 없으므로 그 아내를 그 동생에게 물려 주고 그 둘째와 셋째로 일곱째까지 그렇게 하다가 최후에 그 여자도 죽었나이다 그런즉 그들이 다 그를 취하였으니 부활 때에 일곱 중의 누구의 아내가 되리이까"(마 22:23-28).

유대 전통에는 형이 결혼했다가 자식을 낳지 못하고 죽으면 그 동생이 형의 아내에게 장가들어 형의 대를 이어 주는 계대법이라는 관습이 있었습니다. 그래서 유대인은 극단적인 경우를 인용하여 예수님을 곤경에 빠뜨리려 했던 것입니다.

결혼 생활의 연장선상에서 부활의 삶을 이해하고 있는 유대인은 예수님이 도저히 답을 내놓을 수 없으리라 예상했습니다. 그러나 예수님은 유대인의 전통적 생각을 깨시고 결혼과 부활의 삶을 연관시키지 않으십니다. 예수님은 "너희가 성경도, 하나님의 능력도 알지 못하는 고로 오해하였도다"(마 22:29)라고 지적하십니다. 유대인은 가부장제를 유지하기 위해 한 남자의 대를 이어가는 데만 온통 관심이 있었습니다. 그러나 예수님은 혈연과 대를 잇기 위해 결혼에 집착하는 유대인의 생각을 교정하십니다. 그리스도인의 삶은 혈연과 결혼과 후손을 통한 삶에 의존하지 않습니다.

예수님은 마태복음 22장 32절에서 말씀하십니다.

"나는 아브라함의 하나님이요 이삭의 하나님이요 야곱의 하나님이로라 하신 것을 읽어 보지 못하였느냐 하나님은 죽은 자의 하나님이 아니요 살아 있는 자의 하나님이시니라…."

하나님과 만난 사람은 하나님으로 말미암아 영원한 생명을 얻고 살아나서 영원히 하나님과 함께 거하며, 하나님께서 그의 삶을 영원히 인도해주십니다. 그리스도인의 삶은 하나님께 의존하지, 결혼에 의존하지 않습니다. 그런데 우리가 교회에서 경험하는 현실은 너무나 다릅니다. 교회는 마치 결혼해야 하나님 앞에서 중심을 잡고, 결혼해야 하나님께 의탁하는 삶을 살 수 있는 것처럼 결혼을 강조합니다. 그리스도인은 결혼이 아니라 먼저 하나님께 의존해야 하는 것이 아닐까요?

독신의 은사도 받지 않았는데, 왜 혼자일까?

로드니 클랩은 말합니다. "당신은 싱글인가? 그렇다면 그 상태에서 그리스도인으로 살아라. 당신은 결혼했는가? 그 상태에서 그리스도인으로 살아라."[7]

결혼한 이들과 마찬가지로, 싱글들은 그들의 삶의 자리에서 하나님을 섬기도록 격려받아야 합니다. 싱글로서 생활이 건강할 때, 건강한 결혼도 이룰 수 있습니다. 현재 당신이 싱글이면 말 그대로 싱글일 뿐입니다. 독신의 은사가 있는 사람만 싱글로 사는 것이 아닙니다. 현재 자기가 처한 삶의 상황에 대한 직시와 충실이 필요합니다.

그런데 어떤 사람은 독신으로 살려면 독신의 은사가 있어야 한다고 생각합니다. 독신의 은사를 받은 사람은 혼자 잘 살 수 있지만, 그렇지 않은 사람은 홀로 살 때 외로움을 느끼며 인생에 어려움을 겪게 된다고 주장합니다. 그러니 독신의 은사를 받은 사람을 제외하고 모두 결혼해야 한다는 것입니다. 그래서 싱글들에게 "독신의 은사를 받았느냐?"고 묻기도 합니다. 결혼하지 않은 사람들은 이런 이야기를 들을 때 참으로 난감합니다. 자신이 딱히 독신의 은사를 받은 것 같지도 않은데 '도대체 그럼 나는 뭐지?' 하는 생각이 드는 겁니다.

저는 개인적으로 독신의 은사를 받아서 혼자 사는 것이 아닙니다. 마땅한 결혼 상대자를 만나지 못했고, 결혼을 꼭 해야 한다는 생각을 하지 않았습니다. 그러다 보니 자연스레 결혼

7   Rodney R. Clapp, 'Families at the Crossroads'(Downers Grove, Ill, IVP, 1993)

하지 않고 현재에 이르렀습니다. 독신의 은사가 있어서 싱글로 사는 것이 아니라, 현재 결혼하지 않았기에 나에게 주어진 삶을 열심히 살아갈 뿐입니다. "독신의 은사를 받았느냐 받지 않았느냐"는 저의 싱글 라이프에 중요한 문제가 아닙니다. 싱글의 삶은 현재 내 삶의 존재 방식일 뿐입니다.

독신의 은사를 받은 사람만 싱글로 사는 것이 아닙니다. 많은 사람이 다양한 이유로 싱글로 살고 있습니다. 그러므로 '나는 독신의 은사를 받지 않았는데, 왜 혼자 살지?' 하는 고민은 할 필요가 없습니다. 싱글로 사는 사람은 독신의 은사 여부와 상관없이, 현재 자신의 삶과 존재 방식인 싱글의 삶을 받아들이고 즐기며 잘 살아내는 것이 필요합니다.

결혼과 싱글이라는
은사가 있긴 한가요?

결혼한 사람이 모두 결혼에 은사가 있어서 결혼해서 사는 것은 아닙니다. 결혼의 은사가 있는 사람은(그런 게 있기는 하다면) 결혼 생활을 좀 더 원만하게 할 수 있을지는 모르겠습니다. 어쨌든 결혼한 사람은 결혼의 은사 여부와 상관없이, 결혼이 자신에게 잘 맞든 안 맞든 상관없이, 자신의 삶과 존재 방식인 결혼의 삶을 인정하고 잘 살아내는 것이 필요합니다.

현재 싱글로 사는 사람들을 살펴보면 독신의 은사가 있어서 싱글로 사는 사람은 그리 많지 않습니다. 싱글인 사람들의 사연을 들어보면 어쩌다 보니 싱글로 살고 있는 경우가 많습니다. 마땅한 사람을 찾지 못해서, 정신적·시간적 여유가 없어서, 경제적 능력이 없어서, 일을 하다 보니 결과적으로, 이렇게 자발적·비자발적 이유가 복잡하게 얽히고설키며 결혼을 못하게, 혹은 안 하게 된 것입니다. 싱글로 사는 사람들을 한 가지 유형으로 구별할 수 없고, 그 이유를 무 자르듯 재단하기도 힘듭니다.

고등 교육을 받고 경제력을 확보한 여성일수록 자연스레 배우자에 대한 기대치도 높아집니다. 가부장적 결혼 문화가 지배해온 우리나라에서, 여성들은 배우자를 찾을 때 여전히 교육과 경제력을 비롯한 모든 면에서 자신과 비슷하거나 조금 더 나은 조건을 갖춘 배우자를 선호하는 경향이 있습니다. 거기에 더해, 크리스천이라면 결혼 조건으로 크리스천을 찾습니다. 하지만 현실적으로 그런 '화려한' 스펙을 갖춘 남성은 제한돼 있고, 거기다 신앙까지 갖춘 남자를 찾기란 더더욱 쉽지 않습니다. 당연히 크리스천 여성들은 마땅한 배우자를 찾는 데 더 어려움을 겪습니다.

그렇다고 여성이 배우자에 대한 기대를 낮춘다고만 해서 결혼하기가 쉬워지는 것도 아닙니다. 우리 사회에서는 연애로 만난 사이가 아니라면, 남성들은 결혼 대상을 찾을 때 자신보다 고학력인 여성을 부담스러워하고, 자신보다 어리거나 비슷한 여성을 결혼 배우자로 선호하는 경향이 있습니다. 결과적으로, 남성에 비해 여성의 배우자 선택의 폭이 더 좁아지는 것이 현실입니다. 이런 여러 복합적 문제들이 얽히면서 싱글의 증가에 기여했습니다.

독신의 은사가 있는 사람들만 싱글로 사는 것이 아닙니다. 다양한 배경과 이유를 가진 사람들이 싱글로 살아갑니다. 결국 싱글들에게 독신의 은사가 없으면 빨리 결혼하라고 말하는 건 싱글들이 처한 삶의 상황을 전혀 이해하지 못한 처사입니다. 따라서 싱글들은 자신에게 독신의 은사가 없음에도 싱글로 사는 것에 대해 이상하게 생각하거나 부담스러워할 필요가 전혀 없습니다.

결혼해야
하나님의 형상을 이루는가?

안타까운 현실은 세상에서보다 오히려 교회 공동체 내에서 싱글을 소외시키고 압박하는 경우가 더 많다는 것입니다. 교회 공동체는 예수님이 사람들을 위해 자신의 생명을 내어 주신 사랑을 전하고 가르치는 사랑의 공동체입니다. 바울은 예수님 안에서 가르침을 받은 사람은 유혹의 욕심을 따라 썩어져

가는 구습을 따르는 옛사람을 벗어버리고 오직 너희의 마음과 생각이 새롭게 되어 하나님을 따라 참된 의로움과 거룩으로 지으심을 받은 새사람으로 살아가라고 말합니다(엡 4:21-24). 즉, 기존의 세상 가치관을 답습하지 말고 하나님의 형상으로 창조된 한 사람을 있는 모습대로 존중하고 사랑해주라는 것입니다.

그렇다면 예수님을 믿고, 예수 안에서 마음과 생각이 새로워진 사람은 싱글들을 어떻게 대해야 할까요? (어떻게 하면 싱글 친화적 교회가 될 수 있는지에 대해서는 이 책의 5부에서 다룰 예정입니다.) 우리는 에베소서 4장에서 그 답을 발견할 수 있습니다.

"무릇 더러운 말은 너희 입 밖에도 내지 말고 오직 덕을 세우는 데 소용되는 대로 선한 말을 하여 듣는 자들에게 은혜를 끼치게 하라 하나님의 성령을 근심하게 하지 말라 그 안에서 너희가 구원의 날까지 인치심을 받았느니라 너희는 모든 악독과 노함과 분냄과 떠드는 것과 비방하는 것을 모든 악의와 함께 버리고 서로 친절하게 하며 불쌍히 여기며 서로 용서하기를 하나님이 그리스도 안에서 너희를 용서하심과 같이 하라"(29-32절).

하나님은 내가 결혼해야 하나님의 형상이며 그분의 기준에 맞고 받으실 만한 사람이라고 말씀하지 않으셨습니다. 하나님은 나를 그분의 형상으로 만드시고, 나를 위해 예수님의 생명을 내어주셨습니다. 그러므로 그 어떤 이유로도 하나님의 형

상으로 만들어진 지체를 함부로 대해서는 안 됩니다. 결혼을
했든 하지 않았든, 모든 사람은 그리스도 안에서 한 몸이기 때
문입니다.

결혼 스트레스를 주는 것이
덕담인가요?

결혼 유무로 인해 예수님 안에서 한 몸 된 지체를 차별하거나
소외시키고 함부로 말하는 건 무례한 행동이고 덕이 되지 않
으며 나쁜 것입니다. 그런데 예수님을 믿기는 하지만 기존의
사고방식을 버리지 못한 사람들은 싱글들에게 결혼을 강요하
거나 결혼 때문에 스트레스를 주는 것이 무례한 행동이요 나
쁜 말이라고 생각하지 못하는 것 같습니다. 어떤 장로님은 "자
꾸 결혼하라고 채근하고 스트레스를 주어야 한다"고 말합니
다. 많은 교회 어른들은 오히려 이런 말을 덕담으로 생각하고
하는 것 같습니다. 그러나 그런 말은 하나님의 형상으로 만들
어진 한 사람을 있는 그대로 존중하지 않고 심리적·사회적
고통을 주는 것입니다. 옛사람의 구습을 버리지 못한 사고방
식입니다.

　싱글에게 결혼에 대해 계속 압력을 가하고 쓸데없는 말을
하는 것은 은혜를 끼치는 것이 아니라 그 사람의 마음을 상하

게 합니다. 그리스도 안에서 한 몸인 싱글 지체들을 그 모습대로 인정해주고 친절하게 대하는 것이 하나님을 따라 의와 진리의 거룩함으로 지으심을 받은 새사람의 사고방식이며 싱글을 배려하는 행동입니다.

고린도후서 5장 17절은 "그런즉 누구든지 그리스도 안에 있으면 새로운 피조물이라 이전 것은 지나갔으니 보라 새것이 되었도다"라고 말합니다. 예수님이 모든 사람을 위하여 죽으신 것은 예수님을 믿는 사람들이 자기 자신을 위하여 살지 않고, 자기를 위하여 죽으셨다가 살아나신 예수님을 위해 살아가도록 하려는 것입니다. 예수님을 위해, 그리고 그분을 따라 산다는 것은 이 세상 사고방식으로 사람들을 판단하는 것이 아니라, 새로워진 마음과 생각으로 하나님의 형상으로 만들어진 한 사람을 그 모습 그대로 존중하고 배려하는 데서 시작됩니다. 즉, 결혼 유무로 그리스도 안에 있는 지체를 차별하고 소외시키지 않으며 배려하는 것이 새로운 피조물로 사는 사람의 자세인 것입니다.

멈추어 서서, 두려움을 직면해야 하는 경험 하나하나를 통해서,

힘과 용기와 자신감을 얻어야 한다.

도저히 할 수 없을 것 같은 일을 해야만 한다.

엘리노어 루즈벨트

3

혼자서도 행복해지는
싱글 라이프 사용법

결혼을 했건 현재 싱글로 살건, 싱글 라이프는 나와 전혀 관련이 없는 남의
이야기가 아니라 곧 나의 이야기가 됩니다. 그러므로 언젠가 내게 다가올 싱글
라이프를 편견 없이 바라보며 준비해야 합니다.

결혼 상태에 있지 않은 사람은
누구나 싱글이다

사람들 대부분은 싱글로 사는 이야기가 자신과 별 상관이 없거나 남의 이야기라고 생각합니다. 그렇지 않습니다. 저도 30대 초반까지는 싱글을 남의 이야기라고 생각했습니다. 그러나 30대 중반에 들어서며 싱글로 사는 것은 남의 이야기가 아니라 나의 이야기이며, 나아가 모든 사람들의 삶의 주기에서 만나는 삶의 한 양식이라는 것을 깨닫게 되었습니다.

누구나 결혼하지 않았으면 싱글이고, 이혼해도 싱글이고, 사별해도 싱글입니다. 싱글 라이프는 뭔가 독특하거나 외로운 삶이 아닙니다. 누구에게나 싱글로 사는 삶의 주기는 존재하기 때문입니다. 단지 싱글로 사는 주기가 상대적으로 길거나 짧거나 하는 차이만 있을 뿐입니다. 현재 싱글로 사는 사람에게 싱글 라이프는 현존하는 삶의 상태이고, 결혼한 사람도 언젠가 만나게 되는 삶의 방식입니다.

의학이 발달하면서 사람들의 평균 수명이 점점 늘어나고 있습니다. 2015년 경제협력개발기구(OECD)의 조사에 따르면, 한국 남성과 여성의 기대 수명은 각각 78.5년과 85.1년으로 여성이 6.6년 더 긴 것으로 조사되었습니다. 남자와 여자의 평균 수명 격차가 그대로 유지된다면 싱글 상태로 사는 여성이 점점 많아지고, 싱글로 사는 기간도 더 길어집니다. 에릭 클라이넨버그는《고잉 솔로 싱클턴이 온다》에서 '여성들이 인생의 4분의 1이나 3분의 1을 자기만의 공간에서 보내는 것은 특이한 일이 아니다'라고 말합니다.

아울러 현대 사회와 문화가 변화되면서 이혼과 만혼을 비롯해 결혼하지 않는 사람이 증가하고 있는데, 이 또한 싱글의 증가로 연결됩니다. 동경대학교 대학원 교수 우에노 치즈코는 《화려한 싱글 돌아온 싱글 언젠간 싱글》에서, 일본에서 결혼과 관계없이 83퍼센트의 여자가 혼자 남게 되는 것을 주목하며, 결혼과 관계없는 싱글을 앞으로의 가족과 개인, 특히 여성의 삶을 읽을 수 있는 중요한 키워드로 보았습니다.

결혼을 했건 현재 싱글로 살건, 싱글 라이프는 나와 전혀 관련이 없는 남의 이야기가 아니라 곧 나의 이야기가 됩니다. 그러므로 언젠가 내게 다가올 싱글 라이프를 편견 없이 바라보며 준비해야 합니다. 아울러 현재 싱글로 살아가는 사람들을 존중하고 함께 살아가는 방법을 모색해야 합니다. 그들의 모습이 곧 나의 모습일 것이기 때문입니다.

싱글로 사는 사람은
이전에도 많았다

결혼하지 않은 상태에서 자신감을 갖고 살아가기 위해, 싱글의 현황에 대해 파악하고 이해하는 것은 많은 도움이 됩니다. 여전히 결혼이 중요하게 여겨지는 사회에서 결혼하지 않은 사람들은 때로 '나만 결혼하지 않고 살고 있다'는 느낌을 받게 되고, 이로 인해 위축되고 힘들어지기 때문입니다.

싱글에 대해 관심을 갖고 정보를 수집해보면 여러 가지 다양한 이유로 결혼하지 않고 사는 사람이 이전에도 항상 있었고, 생각보다 많았음을 알게 됩니다. 서구 유럽에서는 1600년대부터 발견되었고, 1851년 영국 센서스에서는 25세 이상 여성 중 결혼하지 않은 싱글 여성이 일백만 명을 넘었으며, 35-44세 사이의 결혼하지 않은 싱글의 비율은 여성이 17.3퍼센트, 남성 16.5퍼센트, 45-54세 사이의 여성은 13.3퍼센트, 남성은 11.8퍼센트로 여성이 더 많은 것으로 나타났습니다(Anderson, 1984). 이러한 불균형은 태어났을 때부터 시작되는 여자아이보다 남자아이의 높은 사망률, 남성의 이민, 해외 군대 복무, 식민지 근무 등에서 비롯되었다고 합니다(Jalland, 1988).[8] 이 자료를 통해 알게 되는 사실은 싱글로 사는 사람이 이전에도 많았다는 것입니다. 오래전에도 10-20퍼센트 사이의 여성이 평생 싱글로 살았습니다(Jalland, 1988).

"그거 아세요? 우리나라는 1인 가구가 27.2퍼센트로 가장 흔한 가구 형태입니다. 결혼하지 않은 사람들이 30-40대에

8   김경미, 미혼 여성에 관한 연구, 2003, 이화여자대학교 대학원 석사 논문

서 가장 많이 증가했고, 서울에 사는 25-39세 사이 여성 2명 중에 한 명은 현재 결혼하지 않고 살고 있습니다. 그뿐 아니라 OECD 회원국 가운데 우리나라가 결혼하지 않고 살고 있는 인구가 10명에 4명 꼴로 싱글 비율이 가장 높습니다."

제가 주변의 결혼하지 않고 사는 사람들에게 우리나라의 싱글 현황에 대한 이런 이야기를 해주면 깜짝 놀랍니다. "그렇게 결혼하지 않고 사는 사람이 많아?" 하면서 잘 몰랐다는 반응이 대부분입니다. 2016년 12월 19일자 한겨레신문에 김효진 기자가 쓴 "결혼 않는 '3말4초' … 미혼 인구 5년 새 106만 명 늘었다"는 제목의 다음 기사를 인용한 이야기입니다.

미혼 인구가 5년 전에 비해 모든 연령대에서 증가한 것으로 나타났다. 특히 소위 '적령기'로 일컬어지는 20대 후반에서 30대 초반은 물론, 30대 후반에서 40대 초반까지의 미혼 인구 증가율이 가팔랐다. 통계청이 발표한 2015년 인구 주택 총조사 표본집계 결과를 보면, 미혼 인구(15세 이상 인구 대상)가 2010년 1231만 2000명에서 2015년 1337만 6000명으로 106만 4000명(8.6퍼센트) 증가했으며, 모든 연령대에서 미혼 인구 비율이 증가했다. 특히 30대 미혼 인구 비율이 2010년 29.2퍼센트에서 2015년 36.3퍼센트로 7.1퍼센트 포인트나 늘어 증가율이 가장 높았다. 40대 미혼 인구 비율도 13.6퍼센트로 2010년 대비 5.7퍼센트 포인트나 늘었고, 남성의 경우엔 40대 미혼 인구 증가율이 7.3퍼센트 포인트 (2010년 10.9퍼센트에서 2015년 18.2퍼센트)로 30대 증가율(6.3퍼센트 포인트)을 앞섰다. (중략) 높은 증가율에 힘입어 30대 후반 미혼 인구 비율은 26.2퍼센트, 40대 초반 미혼 인구 비율도 17퍼센트로 올라선 상태다.

제 주변만 봐도 결혼하지 않고 사는 사람들이 넘쳐나고, 〈나 혼자 산다〉처럼 혼자 사는 사람을 소재로 한 TV 프로그램도 많이 생겨나는 것을 보면, 이젠 싱글이 더 이상 사회적 소수가 아닙니다. 싱글로 사는 사람이 많아지는 것이 우리 사회의 대세로 자리잡고 있는 것입니다. 이처럼 결혼하지 않고 사는 사람이 나 혼자가 아니며 점점 많아지고 있다는 것을 깨닫는 순간, 싱글은 자신의 삶을 좀 더 편안하게 받아들일 수 있게 됩니다. 그리고 당당해질 수 있습니다.

싱글을 괄시하는
고정관념 해체하기

결혼에 대한 가치관도 변하고 사회가 변화되면서, 결혼하지 않고 사는 싱글이든, 이혼이든, 사별이든, 나이 들며 홀로 남게 되든, 다양한 이유로 싱글은 급속도로 증가하고 있습니다. 하지만 싱글들은 사회적 편견과 삶의 여러 영역에서 여전히 불공평한 대우를 감수하고 있습니다. 싱글들조차 싱글에 대한 사회적 편견과 고정관념을 자연스럽게 속에 담고서 살아가고 있습니다. 주변의 싱글 친구들과 이야기해보면 싱글에 관한 사회적 편견을 자기 모습으로 내면화하여 힘들어 하는 경우를 자주 봅니다. 강력한 결혼지상주의와 결혼행복주의 아래에서 싱글인 자신의 모습이 초라해 보이는 것입니다.

내 모습 이대로 당당하고 멋지게 살기 위해서는 먼저 싱글로 사는 자신을 자기 모습 그대로 사랑하고 소중히 여길 수 있어야 합니다. 싱글에 대한 편견은 결혼지상주의 사회에서 싱글을 폄하하고 왜곡시킨 시각 때문이지 사실에 근거한 것이 아닙니다. 벨라 드파울로(Bella DePaulo)는 그의 책《싱글리즘》에서 결혼이 건강과 행복에 큰 영향을 미치지 못하며, 특히 평생 싱글로 살아온 여성들은 매우 잘 지내고 있다고 연구 결과를 언급합니다. 결혼 중심 사회에서 싱글은 차별받고 있지만 불쌍한 희생자는 아니며, 나름 행복하게 살아가고 있다는 것입니다. 또한 심리적인 힘과 강인함을 보여주고 있다고 말합니다. 따라서 싱글들은 행복한 삶을 살기 위해 싱글에 대한 편견을 내면화하거나 위축되지 말아야 합니다.

47세 수연 씨는 30대 중반까지는 무역회사에서 일하다 직장생활에 한계를 느껴 현재 공인중개사로 일하고 있습니다.

새롭게 시작한 일이 자유롭고 재미있기도 하고, 일반 직장과 달리 남의 눈치 볼 일이 적어 좋다고 합니다. 그가 싱글을 보는 사람들의 관심에 대해 이렇게 말합니다.

"사람들이 나한테 관심이 많은 것 같지만, 자세히 들여다보면 사실 큰 관심은 없어요. 그냥 만났을 때 던지는 말들이고, 뒤돌아서면 자기가 무슨 말을 했는지 잘 기억도 못하죠. 남들은 내가 생각하는 만큼 내게 관심이 많지 않아요. 그러니 다른 사람의 시선이나 말에 너무 신경 쓰지 마세요. 어차피 각자의 인생이 있고, 그 사람이 내 인생을 대신 살아주지도 않습니다. 그래서 저는 타인의 시선이나 말에 별로 개의치 않고, 저와 다른 의견이나 이해하기 힘든 말을 해도 그냥 '저분 입장에서는 저렇게 생각할 수도 있지' 하고 넘깁니다. 그러다 보니, 사람들이 오히려 저의 초연한 모습에 놀라는 것 같아요."

그녀는 다른 사람의 시선이나 쓸데없는 관심에 에너지를 쏟지 않고 용납해줍니다. 그녀의 이런 마음가짐이 다른 사람의 편견에 대처하는 좋은 방법 중의 하나라는 생각이 들고, 좀 더 여유 있는 마음으로 살아가게 하는 것 같습니다.

싱글을 괄시하고 적대시하는 사람들에게 일일이 따지고 그들의 시각을 교정하려 든다 해서 하루아침에 싱글을 차별하는 생각이 변화되지는 않습니다. 오히려 싱글이 편견에 가득 찬 사람들을 성경 말씀대로 용납하고 잘 살고 있는 모습을 보여줄 때, 그들의 시각을 변화시킬 수 있습니다.

"그러므로 너희는 하나님이 택하사 거룩하고 사랑 받는 자처럼 긍휼과 자비와 겸손과 온유와 오래 참음을 옷 입고 누가 누구에게 불만이 있거든 서로 용납하여 피차 용서하되 주께서 너희를 용서하신 것같이 너희도 그리하고 이 모든 것 위에 사랑을 더하라 이는 온전하게 매는 띠니라"(골 3:12-14).

하지만 편견에 가득 찬 사람들을 그냥 용납해주는 것만으로는 싱글 차별에 대한 근본적인 문제가 해결되지 않습니다. 교회 공동체와 사회적으로 싱글 편견 해체를 위한 교육과 성숙한 시민의식을 기를 수 있도록 선도하고, 서로 배려하며 함께 사는 사회를 만들어갈 수 있도록 의식 개혁에 힘쓰는 것이 필요합니다.

누구의 시선으로 나를 바라보는가?

또 하나 생각해볼 것은, 다른 사람의 시선에 신경 쓰다 보면 나 자신을 있는 그대로 존중하고 인정해주기보다 타인의 관점으로 나를 바라보고 나를 힘들게 할 수 있다는 점입니다. 여전히 결혼이 중시되는 한국 사회에서 싱글을 보는 곱지 않은 시선으로 인해 자존감이 낮은 사람들은 많이 힘들어합니다. 그러나 우리는 기억해야 합니다. 아무도 내 삶을 대신 살아주지 않고 책임져 주지도 않는다는 것을 말입니다.

　내가 누구의 시선으로 나를 바라보고 있는지 살펴보아야 합니다. 하나님은 나를 하나님의 형상으로 만드시고, 귀하게 여기시며 사랑하십니다. 하나님의 시선으로 나를 보면 나는 참으로 소중하고 귀합니다. 그러나 만약 내가 다른 사람의 시선, 특히 싱글을 폄하하는 편견의 시각으로 나를 바라보며 괴롭히거나 힘들게 한다면, 이는 참으로 어리석은 것입니다. 지금, 다시 한번 생각해보기 바랍니다.

　"나는 누구의 시선으로 나를 바라보고 있는가?"

　나를 위해 생명까지 내어주시며 나를 사랑하신 하나님의 시선입니까? 아니면 나를 결혼지상주의 사회에서 미운 오리 새끼로 전락시키고 괴롭히는 싱글을 폄하하는 시선입니까? 나를 하나님의 시선으로 바라볼 때 나를 묶고 있거나 힘들게 하는 편견은 해체되고, 하나님의 자녀로서 내 모습 이대로 멋지고 당당하게 살아갈 수 있습니다.

　기존의 싱글 라이프에 대한 편견을 넘어서고, 싱글 라이프가 현재 내게 주어진 멋진 선물 같은 삶이라고 인식하는 생각의 전환이 나로부터 시작되어야 합니다. 이러한 인식으로 전환될 때 싱글 라이프의 장점이 보이고, 내 안에 눌려 있던 삶의 에너지가 자유해지면서 생명과 기쁨이 솟아납니다.

결혼 시장에서 여성의 능력과 재력은 좋은 결혼 조건이 될 수는 있으나, 사실은
여성의 성적 매력과 출산 능력이 더 중요한 조건으로 등장합니다. 그러므로
결혼을 삶의 우선순위에 두고 있는 여성이라면 이런 현실을 잘 인지해야 합니다.

교육받고 경제적 능력이 있는
여성들의 딜레마

흔히들 '결혼' 하면 '낭만적 사랑'을 떠올립니다. 하지만 혼인한 남녀의 관계는 계약의 성격이 강합니다. 결혼식을 치르고 관할 주민센터에 가서 혼인 신고를 하면 법적으로 결혼한 사이가 되는데, 공식적으로 여성과 남성이 결혼 계약을 맺는 것입니다. 결혼을 하는 데는 배우자 선택 조건이라는 것이 있습니다. 결혼할 때 배우자의 사랑이나 상대방에 대한 매력 같은 개인적 요인만 따져보는 것은 아닙니다. 결혼에는 배우자의 나이, 교육, 외모, 직업, 집안 배경 재산 등등 여러 가지 조건이 존재합니다.

예전에는 서로의 결혼 조건을 알아보고, 마땅한 사람끼리 결혼을 성사시키는 중매쟁이가 있었습니다. 현대에는 좀 더 체계적으로 싱글 여성과 남성의 데이터를 확보하여 각 사람의 능력과 조건에 따라 등급을 매기고, 이를 기초로 배우자를 소개해주는 결혼정보회사가 등장하였습니다. 이는 결혼에서 조건을 중시하는 우리나라 문화의 단면을 단적으로 보여줍니다. 결혼 계약은 겉보기로는 '낭만적 사랑'으로 포장된 것처럼 보이지만, 속으로는 자신의 미래의 삶과 생존에 대한 이해관계도 다 따져보는 것입니다.

낭만적 사랑과 결혼은 기본적으로 여성과 남성의 성별 역할

분리와 여성의 경제적 의존을 특징으로 합니다. 그런데 여성의 교육 수준이 올라가고 경제활동을 하게 되면서, 낭만적 사랑과 결혼의 결합은 불안정해졌습니다. 우리 사회에서 결혼은 성인 남녀 사이의 평등한 인격적 결합이라기보다 여전히 남편과 아내의 역할 수행이 중시되는 기능적 결합의 성격이 강합니다. 남성은 결혼으로 아내, 며느리, 엄마 역할을 해줄 사람을 얻기를 바랍니다. 결혼을 통해 과거부터 누려왔던 가부장적 가장으로서 위치와 특권을 여전히 누리고, 여성에게는 아내로서의 성 역할과 내조를 받기 원하는 것입니다.

반면, 여성은 남성과 동등한 교육을 받고 경제력 확보가 가능해지면서, 결혼을 통해서도 기존의 어머니 세대가 감당했던 것처럼 전통적 성 역할을 일방적으로 받아들이지 않으며, 동반자로서 대등한 결합을 요구하는 측면이 강해졌습니다. 그와 동시에, 여성은 결혼을 통해 남편이 가지고 있는 사회적, 경제적 안정을 누리고 싶어합니다. 결국 여성과 남성이 기대하는 결혼과 가족의 모습은 서로 다릅니다. 그러다 보니 교육을 받고 경제 활동을 하는 여성들이 결혼 시장에서 딜레마에 빠지게 되었습니다.

학력은 고학력이어도 전문직에서 일하는 경우가 아니면, 경제적으로 근근이 자기 삶을 꾸려나가야 하는 여성이 제 주변에 많습니다. 우리 사회에서 여성의 학력이 높다는 것이 반드시 고소득으로 이어지지 않는 것입니다. 그래서인지 학력이 높고 경제활동을 하는 여성이 결혼을 생각할 때, 대체로 자신보다 나은 조건의 남성을 선호합니다. 이는 가부장적 사회에서 더 나은 삶을 살기 위한 여성들의 생존 방식인 것 같습니다. 반면, 남성은 대체로 자기와 비슷하거나 낮은 조건의 여성을 결혼 배우자로 선택하는 경향이 있습니다. 요즘에는 자신보다 나은 조건의 여성을 선호하는 남성도 있긴 하지만, 여성이 학력이 높거나 나이가 많을 경우 부담스러워하는 남성이 여전히 많습니다. 이러한 남성의 사고 또한 결혼에 대한 가부장적 사고를 여전히 반영하는 것입니다. 그리하여 여성과 남성의 배우자 선택 폭을 살펴보면, 여성보다 남성의 배우자 선택 폭이 훨씬 넓어집니다. 이런 환경에서 고학력이지만 근근이 경제활동을 하는 여성들은 결혼을 통해 좀 더 나은 삶이 보장되거나, 아니면 자신이 원하는 상대와 하는 결혼이 아니라면 그다지 결혼에 매력을 느끼지 못합니다. 아직도 가부장적인 우리나라 사회와 문화 속에서, 변화된 여성들의 생각과 선택이 여성을 자발적 혹은 비자발적으로 싱글로 살아가게 합니다.

결혼 시장에서
실제로 통하는 논리

학력과 경제력 외에도 결혼 시장과 결혼 조건에서 무시할 수 없는 여성의 조건이 있습니다. 나이입니다. 요즘에는 '결혼 적령기'라는 개념이 약해졌지만, 결혼할 사람들은 대부분 30대 중반이 되기 전에 결혼합니다. 나이가 들수록 결혼 시장에서 여성은 남성보다 불리한 처지에 놓이기 때문입니다. 여성에게 결혼 시장과 계약에서 가장 중요한 요소 중의 하나는 아이를 낳아 대를 잇는 것입니다. 여성이 나이가 들수록 가임기가 제한돼 노산의 위험이 커지고 성적 매력이 떨어지는 것은 가부장적 결혼 시장에서 여성에게 불리하게 작용합니다.

어떤 여성은 자신이 공부를 많이 하고 좋은 직장을 다니면 나이가 좀 들어도 결혼에 유리할 것이라 생각하고 이를 위해 매진합니다. 그러나 결혼 시장에서 여성의 능력과 재력은 좋은 결혼 조건이 될 수는 있으나, 사실은 여성의 성적 매력과 출산 능력이 더 중요한 조건으로 등장합니다. 그러므로 결혼을 삶의 우선순위에 두고 있는 여성이라면 이런 현실을 잘 인지해야 합니다. '낭만적 사랑'에 근거해 '백마 탄 왕자가 나를 구해주고, 사랑해주고, 왕비로 만들어주기를 바라는 것'은 결혼 시장에서 통하는 논리가 아닙니다.

가부장적 결혼문화가 지배하는 상황에서는 남성에 비해 상대적으로 교육을 많이 받고 경제력 확보가 가능한 여성이 싱글로 사는 비율이 높습니다. 실제로 통계청 자료에 의하면, 학력이 높은 여성일수록 싱글 비율이 높은 것으로 조사됐습니다. 2016년 12월 19일자 '여성, 고학력일수록 결혼하기 어렵다 ··· 대학원 졸 미혼 23.4퍼센트'라는 조선일보 기사를 보면, 여자의 경우 미혼 비율은 2·3년제 대학 졸업이 16.3퍼센트, 4년제 이상 대학교 졸업이 18.9퍼센트, 대학원 졸업이 23.4퍼센트로 학력이 높을수록 점점 증가했습니다. 남자의 경우 학력이 증가할수록 싱글 비율이 증가하다가 2·3년제 대학교 졸업(24.3퍼센트)을 정점으로 4년제 이상 대학교 졸업(20.2퍼센트), 대학원 졸업(10.6퍼센트)의 미혼 비율은 줄어드는 모습을 보였습니다.

통계청 관계자는 "남성은 자신보다 학력이 낮은 여성하고도 결혼하지만, 여성의 경우에는 자신보다 저학력인 남성과 결혼하는 일이 흔치 않다"면서 "여성 고학력자보다 남성 고학력자가 상대적으로 부족한 것"이라고 이유를 설명했습니다. 이것이 여성이 경험하는 결혼 시장의 현실입니다.

저는 어른들이 이렇게 말하는 것을 자주 들었습니다.

"여자가 너무 공부 많이 하고 똑똑하면 결혼하기 힘들다."

여자가 최고 학력을 갖는다고 해서, 그것이 결혼 시장에서 여성에게 유리하게 작용하지 않는 것을 무엇으로 설명해야 할까요? 그러니 도시 중산층으로서 고학력에 근근이 경제활동을 하는 여성들은 누구와 결혼하나요? 딜레마가 아닐 수 없습니다. 반면, 농촌 총각이나 경제적으로 어려운 남성들도 배우자를 찾지 못해 어려움을 겪기는 마찬가지입니다. 가부장적 결혼 조건이 극명하게 드러나는 현상입니다.

크리스천 싱글의 경우 사정은 더 어렵습니다. 가부장적 결혼 조건에 더해 신앙까지 있는 배우자를 찾기 때문입니다. 교회에는 남성보다 여성이 많으니 남녀 결혼 성비가 더 맞지 않습니다. 그래서 크리스천 싱글 여성들이 결혼 때문에 더 어려움을 겪는 것입니다. 이런 복잡한 사회문화적 상황과 곤란한 조건이 많은데, '기도하지 않아서 배우자를 찾지 못하는 것'으로 매도하는 것은 현실 파악을 전혀 못하는 처사입니다.

여성의 미래 설계에서
결혼 딜레마를 극복하라

"내 삶에서 가장 중요한 가치는 무엇인가? 나는 내 인생에 있어서 장기적으로 종합적인 차원의 삶의 계획을 갖고 있는가? 그 총체적이고 장기적인 삶의 계획을 실천으로 옮기기 위해 한걸음씩 앞으로 나가고 있는가? 만약 그렇지 않다면, 나의 인생을 장기적인 안목에서 계획하고 실천하며 살아가는 데 장애물은 무엇인가?"

만약 위의 질문들 앞에서 심각하게 고민하거나 인생의 장기 계획에 대해 전혀 생각해본 적이 없다면, 지금이라도 '왜 그럴까?' 하고 심각하게 생각해보기 바랍니다.

가부장적 사회에서 여성의 자기 개념과 인생에 대한 생각은 젊음과 외모와 결혼을 낭만화하고 이상화하는 사회문화적 가치에 의해 오염되어 있습니다. 가부장적 성 역할과 인습적인 기대는 여성에게 어렸을 때부터 주입되고 내면화되어 있어서 떨쳐내기가 쉽지 않습니다.

인생의 마스터 플랜을 세우기 위해서는 삶을 대하는 태도와 생각의 변화가 필요합니다. 결혼은 인생의 목표가 아닙니다. 자신의 삶과 길을 결정하는 일에는 자신을 성찰하고 자기를 잘 아는 것이 필요합니다. 그런데 혹시 당신은 무의식적으로 결혼을 염두에 두고, 결혼할 때까지 할 수 있는 단기적인 일을 찾고 있지 않습니까? 아니면 결혼을 삶의 우선순위로 삼고 있어서, 지금 하는 일에 큰 가치를 부여하지 않고 대충 하고 있지는 않습니까? 자신을 정직하게 돌아볼 필요가 있습니다. 여성이든 남성이든 인생에 대한 근시안적 선택과 사고를 버리고, 장기적 안목으로 투자하고 삶의 길을 정하는 것이 필요합니다. 그럼에도 어떤 여성들은 인생에서 개인적으로 원하는 것이 무엇인지를 분명히 할 필요를 별로 느끼지 못합니다. 왜 그럴까요? 그것은 가부장적 사회에서 여성이 경험하는 딜레마와 연관되어 있습니다.

현재 우리나라 사회에서는 결혼하고 어머니가 되는 것이 한 여성의 가치를 결정하며, 그 여성의 지위, 한계, 생활양식, 정체성을 만들어갑니다. 한편, 여성에게 교육과 직업의 기회가 확대되고 양성평등인식이 높아지면서, 여성이 독립된 한 인간으로서 살아가도록 격려받기도 합니다. 이에 따라 여성은 한편으로는 무의식적으로 내면화된 가부장적 가치관을 따르려는 마음을 품고, 다른 한편으로는 자신의 삶을 살겠다는 욕망과 현실 사이에서 갈등하게 됩니다.

독립적인 삶을 살아가려는 여성이라 할지라도 미래를 어떻게 개척해야 할지에 대해 실용적인 지도를 받지 못하는 경우가 많습니다. 그리하여, 여성의 경우 목표를 찾고 추구하도록 도와줄 역할 모델이나 지도자를 찾기가 쉽지 않습니다. 직업을 가지려는 생각은 가지고 있으나, 인생 전체에 대한 마스터플랜이 불분명하니 직업과 미래를 계획하는 데도 어려움이 있습니다. 그러다 보니, 자신의 능력 개발이나 독립적인 삶과 경제력을 확보하는 데 취약한 경우가 많습니다.

여성들이 경험하는 이런 딜레마를 극복하기 위해서는 자신의 인생을 이끌어온 전제, 기대, 태도들을 성찰해보고 재평가해보아야 합니다. 그리하여 자신의 삶의 가치를 새롭게 인식하고 자립할 수 있는 능력을 개발해야 합니다. 또한 자기 삶에 대해 어떻게 생각할지, 어떤 삶을 살지에 대해 스스로 선택하고 결정하는 과정을 시작해야 비로소 삶에 극적인 변화가 일어날 수 있습니다.

나를 사랑하고,
결혼에 대해선 하나님께 맡겨라

결혼하지 않고 살다 보면, 어느 순간 가족과 직장과 교회에서 점점 나의 입지가 좁아지고 사람들이 나를 보는 시선이 불편해지기 시작합니다. 이러한 상황이 축적되다 보면 자존감에도 영향을 미치게 됩니다. 그렇게 자신만만했던 여자들이 서른이 넘어가면 점점 자신감을 잃어버리고 '내가 뭔가 부족한 사람인가? 나는 사랑받지 못하는 사람인가? 나는 지금까지 무엇을 하며 살았나?' 하는 자괴감을 느끼기도 합니다.

저에게도 그런 시간이 있었습니다. 20대 후반에 처음 하나님을 만났을 때는 하나님의 사랑에 푹 젖어 모든 것이 좋았습니다. 하나님의 사랑이 나의 마음을 꽉 채워서 아무도, 아무것도 부럽지 않았습니다. 하나님과의 열정적인 사랑도 결코 변하지 않을 것이라 생각했습니다.

그러나 사람의 감정은 대상이 누구이든 항상 동일하게 유지되지 않는 것 같습니다. 남녀 간의 열정적 사랑도 유통기한이 있는 것처럼, 제게는 하나님을 향한 열정적 감정 또한 유통기한이 있었습니다. 하나님과의 밀월기간이 끝나가면서, '하나님이 나를 사랑하시나? 나도 나를 사랑해도 되는가?' 하는 질문들이 내 마음속에 들어오기 시작했습니다.

그러다 여성학을 공부하며 대학원에 다닐 때, 미국 여성 신학자 레티 러셀이 한국에 왔습니다. 저는 그녀의 신학세미나에 갔다가 질문 시간에 손을 들었습니다. 저는 질문하기 전에 고민을 많이 했습니다. '이런 질문을 한다고 사람들이 나를 쳐다보는 것은 아닐까?' 하는 걱정을 한 것인데, 결국 질문했습니다.

"하나님을 사랑하면서 나를 사랑해도 되는 것인가요?"

나를 사랑하려니 자꾸 눈치가 보였습니다. 성경은 하나님을 사랑하라고 했는데, 나를 챙기고 사랑하는 것은 이기적인 것이 아닌가 하는 생각이 들었기 때문입니다. 그래서 나 자신을 제대로 보호하지도 못하고, 자존감이 엄청 낮아져 있었습니다. 저의 질문에 그 신학자는 이런 답을 해주었습니다.

"하나님이 당신을 하나님의 형상으로 창조하시고, 보기에 좋았다고 말씀하시고 사랑하셨습니다. 하나님이 사랑한 당신을 당신도 사랑해야 합니다."

이 대답은 저에게 자유를 주었습니다. 더 이상 나 자신을 사랑하는 데 죄책감을 느끼거나, 자기 검열을 하거나 눈치 보지 않고 편안해졌습니다.

하나님 안에서 나를 사랑한다는 것은 자기중심적으로 살아도 된다는 것이 아니라, 나를 대할 때 다른 사람을 존중하고 사랑하는 것처럼 나 자신을 존중하고 사랑해주라는 의미입니다. 다른 사람이 나를 비판하고 어렵게 해도 나는 나의 편이 되어주어야 합니다. 하나님이 사랑한 나를 나도 사랑하고 지지해주고 존중해주어야 한다는 것입니다. 내가 나 자신을 받아들이고 사랑해줄 때, 내 마음에 참 평화가 옵니다. 내 마음에 참 평화가 올 때, 하나님의 음성과 인도하심도 자연스레 받을 수 있게 됩니다.

이렇게 하나님과 나에 대한 신뢰가 회복되면서, 저는 30대 중반에 결혼에 대한 생각까지 하나님께 맡겼습니다. 어느 날 하나님께 이런 기도를 하였습니다.

"하나님께서 저를 사랑하시고, 저에게 가장 좋은 것으로 인도하실 것을 믿습니다. 하나님께서 지금도 저에게 가장 좋은 것으로 현재의 삶을 인도하심을 믿습니다. 그 길이 결혼하는 것이든 싱글로 사는 것이든, 가장 좋은 것으로 제게 주심을 믿습니다. 하나님을 신뢰하기에 주께서 저에게 주시는 현재의 삶을 감사함으로 받으며 살겠습니다. 하나님께서 저에게 배우자가 필요하다고 보시면 배우자를 인도해주실 것이고, 하나님이 보시기에 지금 제가 혼자 사는 것이 좋다고 보시면 혼자 살게 하실 것입니다. 저에게는 그 어떤 길도 상관없습니다. 왜냐하면 하나님이 저에게 가장 좋은 것으로 채워주심을 믿기 때문입니다. 하나님, 감사합니다."

내 삶의 주권이 하나님께 있음을 인정하고, 하나님께서 나를 이끄시는 삶을 받아들이겠다는 기도였습니다. 저에게 이 기도는 지금도 유효합니다. 현재까지 결혼하지 않고 살고 있지만, 싱글로 살기에 하나님께서 제게 베풀어주신 축복과 선물은 풍성합니다. 지금 제가 여성으로서, 목사로 일하면서 누리고 있는 축복과 자유는 결혼했다면 누릴 수 없는 자유와 축복과 선물임을 알기 때문입니다. 그런데, 사람들은 제게 이렇게 말합니다.

"결혼도 하고 목회도 하면 더 좋은 것 아니냐?"

하나님께서 각 사람에게 주신 축복과 선물이 서로 다르다고 생각합니다. 저는 현재 저의 삶에 자리에서 주어지지 않은 것에 대한 동경이나 아쉬움은 없습니다. 왜냐하면, 누구에게나 얻는 것이 있으면 잃는 것이 있고, 누리는 것이 있다면 누리지 못하는 것도 당연히 있다는 것을 받아들이기 때문입니다. 내게 현재 없는 것에 집착하지 않고, 하나님이 내 삶의 자리에 주신 것들을 누리고 감사하며 즐기며 사는 것이 좋습니다.

삶에서 진정한 안정감은
하나님으로부터 오는 것

결혼은 인생의 완성이나 종착역이 아닙니다. '오늘'이란 시간은 각자에게 주어진 하나님의 선물입니다. 하나님께 우리 삶을 온전히 맡기면서, 하나님께서 우리의 결혼 유무와 상관없이 우리를 향한 계획과 꿈을 갖고 계심을 첫째로 기억해야 합니다. 그것을 발견하고 하나님을 신뢰해야 합니다. 둘째, 하나님 안에서 자신을 사랑하고 긍정해야 합니다. 삶에서 진정한 안정감은 하나님께 삶을 맡길 때 하나님으로부터 오는 것이지, 결혼으로부터 오는 것이 아니기 때문입니다.

"Don't be wishing you were someplace else or with someone else. Where you are right now is God's place for you. Live and obey and love and believe right there. God, not your marital status, defines your life. : 그러니 여러분은 어딘가 다른 곳에 있기를 바라거나, 누군가 다른 사람과 살았으면 하고 바라서는 안됩니다. 여러분이 지금 있는 곳이야말로, 하나님께서 여러분을 위해 마련해 주신 삶의 자리입니다. 바로 거기에서 살고 순종하고 사랑하고 믿으십시오. 여러분 삶의 가치를 결정하는 것은 하나님이시지, 결혼 여부가 아닙니다. (고린도전서 7:17절, The Message, Perterson, 1993, 메시지 성경)

10장

혼자 누리는 시간을 선용하는 법

우리 삶의 상황은 언제든지 변동 가능하고, 많은 변수가 우리 삶에 끼어들기 때문에 지금 내게 주어진 시간과 특권을 감사하고 귀하게 여겨야 합니다. 그 어떤 것도 당연한 것은 없고 영원히 나와 함께 있는 것도 아닙니다.

지금 누리는 자유, 특권,
시간에 감사하라

2016년 7월에 발표된 다음소프트의 자료에 따르면, 당시 기준으로 3년간 인터넷 블로그에 올라온 4억 건의 글 중에 2013년까지는 "혼자여서 힘들다"가 1위였지만, 2014년부터는 "혼자라서 좋다"가 1위를 차지했습니다. "혼자라서 편하다", "혼자라서 신난다"가 각각 5위와 9위였습니다. 다음소프트 관계자는 "과거에는 '혼자'라는 단어가 외로움과 직결됐지만 이제는 심리적인 편안함으로 바뀌고 있다"고 말합니다.[9]

혼자 사는 사람이 늘어난다는 것은 혼자 살 수 있는 환경과 상황이 조성되고, 혼자 사는 삶이 주는 유익과 혜택이 있기 때문입니다. 그 혜택은 무엇일까요? 2016년 한국 여성 민우회에서 발간한 《본격 1인 가구 여성들의 이야기》에서 '혼자 살아서 좋은 순간들'에 대해 150명의 여성들에게 질문한 결과 다음과 같은 대답들이 나왔습니다.

"내가 원하는 생활을 내가 창조할 수 있다는 점이요."

"집에서 무엇을 언제 하든, 늦게 들어오든 아무도 참견하지 않을 때에요."

"오롯이 내가 되어 나와 나를 둘러싼 문제들을 해결하는 겁니다."

"혼자 있는 시간과 공간을 존중받을 수 있는 것입니다."

"스스로 원한 진로를 집안의 반대로 포기하지 않고 시도해볼 수 있어서요."

"누군가의 뒤치다꺼리를 할 필요가 없고 나만의 시간을 많이 가질 수 있을 때가 좋아요."

싱글로 혼자 살면 개인의 자유와 자신의 삶에 대한 통제권이 확보되고, 자신을 위한 삶의 가치를 추구할 수 있습니다. 혼자 살면 배우자의 필요와 요구에 얽매이지 않고 자신에게 집중할 수 있으며, 자신이 원하는 일을 원하는 시간에 원하는 방식대로 할 수 있습니다.

대학원에 다니며 프리랜서로 일하는 34세 은희 씨는 싱글이기에 현재 자신이 누리는 삶이 특권이라 말하며 만족하고 있습니다.

"한국 사회에서 여성으로서 '결혼 적령기'에 결혼하고 출산하고 육아를 하게 되면 사회적으로 포기해야 할 것이 많잖아요? 그러다 보면 사회적 커리어가 끊기는 부분도 있지만, 무엇보다 자기 자신으로서 삶을 영위하기가 거의 불가능한 것 같습니다. 하지만 싱글로 30대를 살면 누군가의 아내, 며느리, 엄마가 아니라 제 자신으로서 정체성과 부르심을 고민하며 매일매일 씨름하며 살아갈 수 있다는 큰 특권이 있습니다. 만약 제가 지금 결혼한 상태라면 지금과 같이 하나님 앞에서 깊이 있게 저의 정체성과 부르심을 매일 확인하며 저 자신의 삶을 오롯이 살아내지 못했을 것이란 생각이 자주 들었습니다. 누군가의 아내, 며느리, 엄마 역할을 하는 것도 좋지만, 아무래도 분주한 일상에 파묻혀 지내다 보면 정말 빛나는 시기인 30대를 놓쳐 버릴 수도 있다는 것입니다. 물론 결혼하면 자녀 양육의 열매를 언젠가는 수확하겠지만, 저는 지금 제가 제 길에 집중해 삶을 사는 것도 자녀를 얻는 일만큼 소중한 열매를 가꿔 가고 있다는 자부심이 있습니다."

은희 씨는 결혼하지 않고서 사는 자신의 삶을 잘 활용하고 의미 있게 만들어가고 있는 것입니다.

우리가 또한 기억해야 할 사실은, 현재 혼자 살며 누리는 자유와 특권이 항상 유지되는 것은 아니라는 것입니다. 우리 삶의 상황은 언제든지 변동 가능하고, 많은 변수가 우리 삶에 끼어들기 때문에 지금 내게 주어진 시간과 특권을 감사하고 귀하게 여겨야 합니다.

때로 우리는 내 삶에 주어진 것, 가지고 있는 것들에 대해 너무나 당연하다고 생각합니다. 그러나 지금 싱글이기에 누리고 있는 그 어떤 것도 당연한 것은 없고 영원히 나와 함께 있는 것도 아닙니다.

당연히 누리는 것도,
영원한 것도 없다

결혼해서 배우자의 필요와 자녀들의 필요를 채우다 소진되고 지친 여성들을 주변에서 많이 봅니다. 그들이 하소연합니다.

"결혼해서 아이를 낳고 기르다보면 내 시간이라는 것을 갖기가 어렵습니다."

그러면서 제게 말합니다.

"너는 좋겠다. 너는 혼자니, 네가 원하는 대로 살 수 있고 아무 때나 쉴 수 있지만, 나에게는 그림의 떡이다. 네가 부럽다."

이런 하소연을 들을 때마다, 저에게는 당연한 것들이 다른 누군가에게는 당연하지 않다는 사실을 보게 됩니다. 나의 시간과 삶을 내가 조율할 수 있다는 것, 혼자 있고 싶을 때 혼자 있을 수 있는 것, 나만의 자유 시간을 가질 수 있는 것, 가사노동과 자녀양육으로부터 자유할 수 있다는 것은 선물로 주어진 삶이지 당연한 것은 아닙니다.

지금 내가 싱글이기에 누릴 수 있는 특권과 자유에 감사하는 마음을 가지면 내가 누리고 있는 선물의 삶이 눈에 들어오고, 더욱 귀하게 여겨질 것입니다. 그 누구의 삶도 얻는 것만 있고 잃는 것이 없는 법은 없습니다. 단지 내가 모든 것을 얻는 삶을 바라기 때문에 상실감과 박탈감이 생기는 겁니다. 싱글로 살며 누리는 자유와 시간에 감사하기 바랍니다.

삶의 지평을
넓히는 방법

삶의 지평을 넓히고 행복한 삶을 살기 위해서는 홀로 서는 두려움을 극복하고 결혼과 인간관계에 집착하지 않아야 합니다. 아울러, 행복한 삶을 이루기 위해 필요한 것들을 스스로 만들어낼 수 있는 자신의 능력을 긍정하고, 비록 두려울지라도 하나씩 작은 일에 도전하고 이루어가며 성취하는 기쁨을 경험해 보아야 합니다. 그리하여 내게 주어진 시간을 삶에 활력을 주고 삶의 지평을 넓히는 기회로 삼아야 합니다. 자기 계발, 공부, 운동, 봉사 활동, 여행, 악기 연주, 식물 키우기, 글쓰기, 요리 배우기 등, 평소에 하고 싶었지만 계속 미루고 하지 못했던 일들을 하나씩 해보는 것입니다. 새로운 일을 시도하면 새 기술도 배우고 친구를 사귀는 것은 물론이고, 그 과정에서 자부심도 키우고 시야도 넓어집니다.

  몇 년 전에 저 혼자 체코 프라하를 여행했습니다. 친구들과 휴가 일정을 맞추는 것이 쉽지 않아 혼자서 7박 8일의 프라하 여행을 계획한 것입니다. 이전에 제주도는 혼자서 다녀온 적이 있지만, 먼 유럽으로 혼자 여행을 가려니 약간 두렵기도 했습니다. 하지만 일단 숙소를 정해 놓고 나니 어느 정도 자신감이 생겼습니다. 여행 기간에 때로는 가이드 투어를 신청하여 처음 만나는 사람들과 친구처럼 어울려 다니기도 하고, 때로는 혼자서 하루 종일 프라하 시내를 걸어 다니기도 했습니다. 현지에 아는 사람 하나 없이 완전히 혼자 먼 여행을 온 것은 처음이었지만, 오히려 몸도 마음도 홀가분하고 자유를 누릴 수 있어 좋았습니다. 먼 곳까지 혼자 와서 잘 지내는 내 자신이 스스로 대견하게 생각되어 기분도 좋았습니다. 혼자 해냈다는 성취감, 혼자 여행하면서 자신을 돌아볼 시간을 가진 것이 제게는 치유와 회복의 선물이 되었습니다. 이를 계기로 앞으로 다른 곳에도 혼자 여행하기를 도전해볼 용기가 생겼습니다.

42세 미나 씨는 친구의 권유로 스킨스쿠버 다이빙을 시작했습니다. 처음에는 물이 무서워 수영을 배우기 시작했는데, 그것이 계기가 되어 다이빙을 시작하고 스킨스쿠버 다이빙까지 도전하게 되었습니다. 그녀는 스킨스쿠버 다이빙을 통해 이전에 전혀 경험하지 못했던 새로운 세계인 바다 속을 보고 자신의 생각과 시야가 확장되었다고 합니다. 또한 한 영역에서 자신감이 붙으면서 또 다른 새로운 영역에 도전하는 데에도 마음이 열렸다고 말합니다.

46세 은주 씨는 외국어 강사로 학교와 학원에서 20년 넘게 학생들을 가르치고, 외국인들에게는 한국어를 가르치고 있습니다. 교회 싱글 공동체 리더로 섬기고 있는 그녀는 에너지 넘치고 성격은 밝습니다. 싱글 인터뷰를 위해 오랜만에 그녀에게 연락을 하면서 '나를 기억할까?' 하고 약간은 염려하며 문자를 보냈는데, 후에 전화 통화를 하면서 깜짝 놀랐습니다.

"목사님, 잘 지내셨어요? 목사님의 싱글 사역을 위해 기도하고 있어요!"

그녀와 마지막으로 만난 지 1년이 넘었는데, 제가 한 말과 기도제목을 기억하며 나를 위해 기도하고 있다고 말했습니다. 그녀와는 딱 한 번 만났을 뿐이고, 그 후 1년 만에 한 연락인데, 그동안 나를 위해 기도하고 있었다니! 얼마나 큰 위로가 되었는지 모릅니다.

그녀는 30대 중반에 교회에 싱글 공동체가 생겼을 때 자발적으로 그 공동체에 들어가 섬기기 시작하였다고 합니다. 나이가 들어가면서 그냥 교회에 왔다 갔다 하는 것으로는 신앙이 자라지 않는다는 것을 깨닫고 교회 공동체에 적극적으로 참여하기로 한 것입니다. 그녀는 교회 공동체에서 특히 중보기도팀에 속하여 다른 사람을 위해 열심히 기도합니다. 중보기도로 교우들을 섬기는 것이 그녀에게는 큰 기쁨이며, 중보기도는 그녀의 삶에 가장 큰 버팀목이 되고 있습니다.

삶에 윤활유가 되는 일을 찾아라

39세 다희 씨는 음악, 영화, 공연, 전시, 책 등에 관심이 많습니다. 그녀는 어려서 지방에서 자라 문화적 혜택을 받는 데 한계가 있었습니다. 그러다 서울에 와서 살기 시작하면서 자신이 좋아하는 음악이나 공연과 전시가 있을 때 마음만 먹으면 쉽게 갈 수 있어서 좋았다고 합니다. 그래서 지금도 자신이 관심 있는 문화 예술 활동이나 공연이 있으면 열심히 찾아다니고 있고, 그 시간이 가장 행복하다고 말합니다. 아울러 그녀는 어려운 이웃이나 단체를 후원하는 일에도 관심을 갖고 적극적으로 참여하고 있으며, 사회적 불의를 타파하는 모임에도 참여합니다. 또한 앞으로 기회가 되면 해외에 나가서 봉사하며 살 수 있지도 않을까 생각해서, 한국어 교사 자격증을 획득하기 위해 열심히 공부하고 있습니다. 자신의 관심사를 일로 연결하고, 거기서 삶의 기쁨을 발견하며 살아가는 모습이 참으로 인상적입니다.

싱글로 지내면서 자신의 관심과 에너지를 건설적 방향으로 쏟으면 삶에 윤활유가 되고 활기가 넘칩니다. 새로운 것들을 시도하고 도전해보는 것은 인생에 큰 자산이 됩니다. 하지만 돈도 없고 마음에 여유도 없어서 아무것도 못하겠다는 사람도 있습니다. 여행을 비롯하여 뭔가 새롭게 배우는 데는 재정과 시간이 필요한 것이 사실입니다. 하지만 재정과 시간의 여유가 있어야만 여행을 하고 새로운 것들을 시도해볼 수 있는 것은 아닙니다. 여행을 가기 위해 쇼핑이나 다른 씀씀이를 줄이면서 계획을 세워 저축하면 아예 불가능한 일은 아닙니다.

사람들은 각자가 중요하다고 생각하는 부분에 소비를 합니다. 어떤 사람은 먹는 데, 물건 사는 데, 옷을 사 입는 데 투자합니다. 사람마다 다르기는 하겠지만, 대체로 물건을 사거나 먹는 데 투자하면 그 당시에는 만족감이 있으나 오래 가지는 않습니다. 하지만 여행에 투자하면 그 추억은 계속 기억에 남아 시간이 흘러도 다른 사람들과 이야기할 거리가 생깁니다. 새로운 것을 배우는 데 재정과 시간을 투자하면 배운 것이 남고, 배운 것을 통해 새로운 것을 창출해내고 삶의 지평은 넓어집니다.

저의 삶을 돌이켜 보니, 신앙생활을 하기 전에는 삶의 고비가 닥쳤을 때 그
고비를 잘 넘기지 못하고 포기한 적이 많았습니다. 열심히 일하며 살다가도,
힘들 때 나를 근본적으로 붙들어주는 지렛대가 없었기 때문입니다.

사회학자 에릭 클리넨버그(Eric M. Klinenberg)는 《고잉 솔로
싱글턴이 온다》에서 디지털 미디어와 끝없이 팽창하는 소셜
네트워크 시대인 지금, 혼자 살기가 제공하는 가장 큰 혜택은
바로 '고독을 되찾을 시간과 공간'이라고 말합니다. 다시 말하
면, 내게 나 자신을 위한 시간과 공간을 선물로 주는 것입니다.

　많은 사람들과 부대끼거나 정신없이 바쁘게 일하고 나면 지
칠 때가 많습니다. 이렇게 지치고 힘들 때 나만의 시간이 필요
합니다. 저는 집에 들어가면 때로 아무하고도 접촉하지 않고,
혼자 방에서 잠도 자고 책도 보고 음악도 들으며 홀로 시간을
보냅니다. 이런 혼자만의 시간을 갖는 것이 제게는 치유와 회
복의 시간이 됩니다. 하나님의 음성을 듣기 위해서도 홀로 고
요히 말씀을 읽고 기도하며 하나님과 함께 시간을 보내는 것
이 필요합니다.

　저는 신학대학원에 입학하고 얼마 지나지 않았을 때 학교에
서 4일간 영성 훈련에 들어갔습니다. 신학생 20여 명이 함께
갔는데, 산 속에 있는 수도원의 작은방에 각자 혼자 들어가 3
박 4일 동안 기도하며 하나님과 교제하는 훈련이었습니다. 그
수도원에서는 침묵이 기본 원칙이었기에 밥 먹을 때나 함께
모이는 시간이 되어도 옆 사람과 대화할 수 없고, 각자 자신의

방에서 성경 읽고 기도하는 시간을 가져야 했습니다. 저는 혼자 있기를 즐기는 편이지만, 이렇게 홀로, 그것도 산 속에서 혼자 있는 것이 처음에는 너무 어색하고 힘들게 느껴졌습니다.

이 수도원에서 저에게 주어진 과제, 곧, 내 인생에서 중요한 계기가 되는 사건들과 나의 삶의 변화 등을 생각해보며 홀로 기도하는 시간을 가졌습니다. 사실 큰 기대를 하고 수도원에 들어간 것은 아니었는데, 놀랍게도 4일 동안 침묵하고 홀로 있는 시간을 통해 저는 3년 동안 신학대학원에서 힘차게 공부하고 생활할 수 있는 힘과 삶의 방향을 제시받았습니다.

저의 삶을 돌이켜 보니, 신앙생활을 하기 전에는 삶의 고비가 닥쳤을 때 그 고비를 잘 넘기지 못하고 포기한 적이 많았습니다. 그 이유는 열심히 일하며 살다가도, 힘들 때 나를 근본적으로 붙들어주는 지렛대가 없었기 때문입니다. 하지만 신앙생활을 하면서 제게 확실한 변화가 생겼습니다. 삶이 힘들거나 포기하고 싶은 상황이 닥칠 때, 저는 하나님을 붙들고 기도하며 포기하지 않고 고비 고비를 넘은 것입니다. 그것이 제게 신앙생활을 하면서 일어난 가장 큰 변화입니다. 하나님께서 저를 붙들고 계시고, 어느새 하나님께 뿌리를 내리고 있는 내 모습을 보게 된 것입니다. 삶의 고비마다 포기하지 않고 위기를 넘기면서, 하나씩 성취하는 기쁨과 성장을 맛보게 되었습니다.

또 하나의 발견은, 그 당시 저는 미래가 불투명하고 하나님의 인도하심도 잘 모르겠고, 신학대학원에 오긴 했지만 제대로 온 것인지에 대한 확신도 없어서 마음이 불편한 상태였습니다. 그런데 마가복음 8장 벳새다 맹인 치유 사건을 묵상하다가, 어느 순간 제가 맹인임을 깨닫게 되었습니다. 저는 육체의 눈을 뜨고 있었기에 제가 맹인이란 생각을 전혀 하지 않았습니다. 그러나 하나님은 미래가 안 보이고 깜깜하다고 생각하고 있는 내 마음과 생각을 보여주시며, 제가 맹인임을 깨닫게 하셨습니다. 저는 하나님께 "왜 제가 맹인이 되게 하셨습니까? 제가 여기까지 더듬더듬 오느라 얼마나 힘들었는지 아십니까?" 하고 투덜거렸습니다. 그러자 하나님이 저에게 깨닫게 하셨습니다.

"너는 앞이 안 보여서 힘들고 많은 것을 잃었다고 생각하지만, 실은 얻은 것도 많다. 너는 앞이 안 보이니 다른 것에 한 눈 팔지 않고 여기까지 빨리 올 수 있었다. 그리고 맹인은 무엇이 발달하느냐? 감각이다. 너는 앞이 안 보여 여기까지 더듬더듬 왔지만 제대로 왔고, 나는 너에게 분별할 수 있는 감각을 선물로 주었다."

하나님을 향한 저의 서운함이 눈 녹듯이 사라지고 감사하게 되었습니다. 제가 하나님과 독대하였을 때 제 마음 가운데 하나님은 말씀하셨고, 저는 갈등하며 힘들어했던 문제에 대한 해답과 미래의 삶의 방향을 확실히 제시받는 시간이 되었습니다. 이렇듯 홀로 있는 시간은 하나님과 깊이 만날 수 있는 시간입니다.

성경 인물 가운데 엘리야는 이방 선지자 450명과 혼자 대결을 한 후, 다시 이세벨 왕비의 위협을 받고 완전히 지칩니다. 지친 엘리야는 자신의 종도 남겨둔 채 홀로 광야로 들어가 먹고 자고 쉰 후에, 다시 동굴에 들어가 안식을 취하며 자신을 돌아보고, 하나님을 새롭게 만나고 회복되는 시간을 갖습니다.

모든 사람에게는 이렇게 홀로 자신과 만나는 시간, 그리고 하나님과 만나는 시간이 필요합니다. 자신을 성찰해보면서 어떤 점이 마음에 들고 어떤 점이 마음에 안 드는지 생각해봅시다. 자신을 잘 알아가는 것이 현재와 앞으로의 삶을 헤쳐 나가는 데 도움이 될 뿐더러, 나와 잘 맞는 사람이 누구인지도 알게 해줍니다. 결혼한 사람은 혼자만의 시간을 갖기 원해도 가족으로 인해 그런 시간을 온전히 내기 쉽지 않습니다. 싱글로 지내면서 홀로 시간을 갖고 하나님께 나아가며, 나를 치유하고 회복할 수 있는 시간을 갖는 것을 당연하게 여기면 안 됩니다. 그것이 혼자 사는 사람들에게 주어진 선물이며 축복임을 깨달아야 합니다.

크리스천에게 영성은 삶에 토대를 이루는 매우 중요한 역할을 합니다. 영성(靈性)이란 성령의 충만한 은혜 속에서 성령의 지배를 받고 살아가는 영적인 사람의 속성, 성령의 역사하심으로 예수 그리스도를 통해서 이루어진 하나님의 모든 은혜와 은총을 경험하는 자에게서 나타나는 자연스럽고 경건한 성품을 말한다고 합니다(엡 3:16,20). 때로 혼자라고 느껴질 때 하나님이 함께하심, 그리고 하나님이 나를 사랑하심을 깨닫게 될 때 가장 큰 힘이 됩니다.

예수님이 세례 받으시고 물에서 올라오실 때 하늘이 열렸습니다. 하나님의 성령이 비둘기같이 내려와 예수님 위에 임하셨습니다. 그리고 예수님은 하늘로부터 소리를 들었습니다.

"이는 내 사랑하는 아들이요 내 기뻐하는 자라"(마 3:17).

예수님은 하나님으로부터 이 말씀을 듣고 얼마나 기쁘셨을까요? 자신이 하나님의 아들이며, 하나님이 자신을 기뻐하신다는 소리를 듣고 하나님을 전적으로 신뢰하고 감사했을 것입니다. 예수님은 이 믿음과 확신으로 자신에게 닥칠 시험과 어려움, 고난을 다 극복할 수 있었을 것입니다. 마태복음 3장 17절은 예수님을 믿는 우리에게도 동일하게 주신 말씀입니다. 하나님이 예수님을 사랑하고 기뻐하신 것처럼, 우리는 하나님이 나를 사랑하고 기뻐하심을 믿습니다.

하나님은 예수님이 결혼해야 사랑하는 아들이고 기뻐하는 자라고 말씀하시지 않았습니다. 그런데 이러한 하나님의 마음과 달리, 어떤 사람들은 자기 모습 그대로 자신을 사랑하고 기뻐하는 것이 아니라, 결혼해야 하나님이 기뻐하고 사랑받을 수 있는 것처럼 말합니다. 그것은 사실이 아닙니다. 하나님은 우리를 사랑하고 기뻐하시는 데 아무런 조건도 내걸지 않으셨다는 것을 기억해야 합니다.

내가 싱글이라는 것은 하나님이 나를 사랑하고 기뻐하시는 데 방해 요인으로 작용하지 않습니다. 하나님은 내 모습 그대로 존중하고 기뻐하십니다. 하나님이 나를 사랑하고 기뻐하심을 마음속 깊은 곳에서 믿음으로 받아들여야 합니다. 나의 소중함은 하나님의 사랑과 은혜로부터 비롯됨을 기억해야 합니다. 더불어, 우리는 로마서 8장 31-39절도 마음에 새기고 살아야 합니다. 하나님은 우리를 그 어떤 일로도 정죄하지 않으시고, 결코 끊어지지 않는 하나님의 사랑으로 우리를 붙들고 계십니다.

"내가 확신하노니 사망이나 생명이나 천사들이나 권세자들이나 현재 일이나 장래 일이나 능력이나 높음이나 깊음이나 다른 어떤 피조물이라도 우리를 우리 주 그리스도 예수 안에 있는 하나님의 사랑에서 끊을 수 없으리라"(롬 8:38-39).

영적 성장과

내면의 힘을 위해

영적 성장과 내면의 힘을 기르기 위해서는 하나님의 사랑에 대한 확신과 말씀에 대한 이해, 현재의 삶에 대한 감사와 충실한 삶이 지속적으로 이어져야 합니다.

39세 주희 씨는 하나님을 향한 신뢰와 믿음을 이렇게 드러내고 있습니다.

"저는 하나님이 없으면 못살아요. 어머니가 돌아가신 후에 더 하나님을 의지하게 됩니다. 하나님이 사랑으로 저를 위로해주십니다. 하나님께 '제 슬픔도 가져가주세요' 하고 기도했는데, 그 다음부터 슬프지 않더라고요. 하나님이 내게 가장 좋은 것을 주신다는 믿음이 있습니다."

하나님을 향한 전적인 신뢰와 믿음은 삶의 중심을 잡아주고 안정감을 줍니다. 결혼했든 하지 않았든, 자기 삶의 중심에 하나님이 함께 하시고 하나님께서 자신에게 가장 좋은 것으로 채워주신다는 신뢰가 마음을 주장할 때, 우리는 상황과 환경에 휘둘리지 않고 마음에 평강을 누리며 살 수 있습니다.

49세 경숙 씨는 신앙생활을 통해 삶의 풍요로움과 하나님의 사랑을 체험하고, 이를 다른 사람에게 전하겠다는 열망을 드러냅니다.

"저는 어렸을 때부터 신앙생활을 했어요. 교인들이 섬기는 모습을 보며 교회 다니는 사람은 뭔가 다르구나 하는 것을 느꼈고, 사랑도 많이 받았습니다. 교회 안에서 자란 것이 감사합니다. 하나님을 알아가면서 하나님의 자녀인 것이 축복이고 감사하다는 생각이 많이 듭니다. 그래서 이 복음을 사람들에게 전해주고 싶어요. 내가 하나님의 자녀라는 것이 얼마나 큰 축복인지, 내 삶이 풍부해지고 누릴 수 있는 것이 얼마나 많은지에 대해 전하고 싶어요."

34세 은희 씨는 나이가 들어가고 삶의 한계를 만나게 되면서 믿음이 깊어지고 있습니다. 아울러 신앙의 깊이와 폭을 넓히기 위해 다방면으로 공부합니다. 이를 통해 신앙의 진정한 힘을 경험하고 있다고 말합니다.

"신앙생활이 내게 주는 의미와 믿음은 나이가 들수록 깊어가는 편입니다. 특별히 어떤 일을 더 해서 그런 것 같지는 않고요. 인생을 겪으며 한계에 부딪치는 일들이 더 많아지면서, 역설적으로 기독교 신앙의 참맛을 깊이 느끼게 되는 것 같습니다. 꾸준히 성경을 읽고 성경과 관련된 책도 읽고, 일상에서 예수의 예수 되신 의미를 많이 상고합니다. 사회와 역사를 공부하며 하나님의 경륜을 많이 고민하기도 하고요. 신앙을 고민하는 친구들과 정기적으로 만나 깊은 대화를 나누는 것도 믿음의 의미를 되새기는 데 큰 도움이 됩니다."

싱글이든 아니든,
오로지 하나님만 의지해야

우리는 신앙을 통해 하나님의 사랑을 경험하며 하나님 안에서 자기 존중감과 삶의 안정감을 갖게 됩니다. 삶이 어려울 때 하나님을 의지하여 인내하며 삶의 고비를 넘기고, 내가 받은 사랑을 다른 사람에게 전달하는 것을 또한 배우게 됩니다. 이 세상에서 자신이 혼자 모든 것을 처리하고 결정하는 사람과 신앙을 가진 사람이 누리는 삶의 풍성함과 안정감은 다릅니다. 이것이 영성입니다.

신앙을 갖고 영성을 유지하기 위해서는 매일 말씀을 읽고 기도하고 묵상하며, 믿음의 공동체 안에서 함께 삶을 공유하는 것이 필요합니다. 건강한 영성을 가진 사람은 과거나 미래에 살지 않습니다. 항상 현재에 집중하고 하나님의 사랑을 신뢰하며 삶의 매순간마다 하나님의 인도하심을 구합니다.

건강한 영성의 소유자는 삶의 주권이 하나님께 있음을 인정합니다. 그리하여 결혼에 대한 생각과 과거에 대한 집착도, 미래에 대한 생각도 모두 하나님 앞에 내려놓습니다. 하나님이 나를 사랑하시고 내게 가장 좋은 것으로 인도하심을 믿고, 하나님께 나의 삶을 드리는 것입니다.

"우리가 알거니와 하나님을 사랑하는 자 곧 그의 뜻대로 부르심을 입은 자들에게는 모든 것이 합력하여 선을 이루느니라"(롬 8:28).

영원의 관점에서 보면 이 세상의 삶은 100년도 되지 않는
짧은 시간을 보내는 것입니다. 그런데 100년도 되지 않는 그
짧은 세월 가운데 현재 주어진 삶을 감사하며 누리며 살기보
다, 결혼에 매여, 혹은 눈앞에 보이는 현실에 매여 불행한 삶을
산다면 참으로 안타까운 일입니다. 우리 삶의 주권을 하나님
께 드릴 때 하나님의 크신 사랑과 그분의 마음이 내게 들어올
것입니다.

그대, 언젠가는 꽃을 피울 것이다.
다소 늦더라도, 그대의 계절이 오면 여느 꽃 못지 않은
화려한 기개를 뽐내게 될 것이다. 그러므로 고개를 들라.
그대의 계절을 준비하라, 너라는 꽃이 피는 계절.

_김난도

4

독립적인 삶을
예비하세요

12장

긴 안목으로 삶을 계획하라

나이가 들어 인생 2막을 준비할 때 중요한 것은 하나님께 소망을 두고 하나님을
기대하며 기도하고, 나를 만드신 하나님께 내 삶을 의탁하며 사는 것입니다.
한편으로는 내가 처한 상황과 환경에 대한 냉철한 성찰과 대처입니다.

결혼과 상관없이
장기적 안목으로 삶을 계획하라

서른이 넘어서도 결혼하지 않은 사람들은 다들 결혼 문제로 한 번쯤 심각하게 고민합니다.

"결혼 문제를 어찌 해야 할까? 누구랑 결혼해야 하나? 언제 결혼해야 하나? 마땅한 결혼 상대가 없는데 어떻게 하나?"

여성의 경우에는 가임기라는 현실적인 문제 때문에 결혼을 중심으로 미래를 생각하는 경우가 많습니다. 그런데 결혼 중심으로 인생 계획을 세우다 보니, 어떤 여성들은 결혼 후에 있을 변화를 예상하고 결혼 전후에 경력이 단절되는 계획을 세우기도 합니다. 다시 말해 결혼 때문에 자기 삶에 많은 변화가 있을 것이라고 전제하고 직업이나 재정 계획 등을 세우는 것입니다. 그래서 결혼 전에 직장을 그만 둘 생각을 하고, 재정 계획은 곧 결혼 자금 준비인 것입니다. 그러다가 30대 중반이 넘어서도 결혼을 하지 못하면, 그 전까지 근시안적으로 결혼 중심의 삶을 꾸려왔기에, 인생에 대한 장기 계획이 없는 현실에 당황하게 됩니다. 그러면 미래에 대해 불안을 느끼게 됩니다. 결혼을 하든 안 하든 삶은 계속되는데, 평생 무엇을 하며 어떻게 살아야 할지 인생 전반에 대한 큰 그림이 그려지지 않았기 때문입니다.

저도 30대 초반에 결혼과 미래에 대해 고민이 많아졌습니다. 학교를 졸업하고 무역회사에서 일을 해왔지만, 막상 30대에 들어서니 인생 관리나 경력 관리가 잘 안 되어 있음을 발견하고 당황하였습니다. 당장 결혼할 계획은 없는데, 직장생활을 계속하더라도 나이가 들면 이 직종에서 오래 일하기가 쉽지 않겠다는 생각이 들었습니다. 저뿐 아니라 주변의 결혼하지 않은 여성들도 비슷한 고민을 하고 있었습니다. 하지만 결혼 외에는 자신의 삶을 어떻게 꾸려나가야 할지에 대해 지도를 잘 받지 못해서 이러지도 저러지도 못하는 사람들이 많았습니다.

저는 30대에 들어서면서 앞으로 무엇을 하며 어떻게 살지를 준비하기로 했습니다. 더 이상 결혼 여부에 매이지 않고, 결혼을 하든 하지 않든, 내 앞가림은 내가 하며 살기로 작정하고 미래를 준비하는 것이 결혼을 해도 하지 않아도 내 삶이 뿌리째 흔들리지 않도록 잘 잡아줄 것이기 때문입니다.

인생 전체 비전과
삶의 계획이 필요하다

저는 무역회사에서 하던 일을 계속하기보다 평소에 하고 싶었던 공부를 하면서, 앞으로 무엇을 하며 살지 준비하는 시간을 갖기로 했습니다. 제가 30대 중반에 대학원에 가겠다고 결정하자 주변 사람들은 말렸습니다. "결혼해야지, 한참 돈을 벌어야 하는 나이에 왜 다시 학교를 가느냐?"는 것이었습니다. 하지만 저는 앞으로 70-80세까지는 경제활동을 해야 하는데, 길게 가기 위해 일보 후퇴하여 전열을 재정비하기 위해 공부를 선택했습니다. 대학원에 진학하여 아침저녁으로는 학비와 생활비를 벌기 위해 아르바이트를 하고, 낮에는 공부하며 바쁘게 살았습니다.

사실 대학원 공부를 한다고 해서 제 앞길에 보장이나 확정된 것은 아무것도 없었습니다. 하지만 공부를 하면서 제 자신을 성찰하는 시간도 갖고, 구체적으로 미래를 계획할 수 있었습니다. 그때 깨달은 것이 여성이든 남성이든, 결혼을 하든 하지 않든, 평생 무엇을 하며 어떻게 살지 고민하고 준비하는 것을 어려서부터 제대로 배우고 훈련해야 한다는 것입니다. 결혼으로 말미암아 분절될 인생 계획이 아니라, 나를 향한 하나님의 뜻에 따른 인생 전체의 비전과 삶의 계획이 필요합니다.

남성들은 삶의 계획을 세울 때 대체로 인생 전체에 대한 장기적 안목으로 삶의 계획을 세우지, 결혼을 중심으로 단절되는 삶의 계획을 세우지 않습니다. 평생 자신이 무엇을 하며 살 것인지 세운 계획에 따라 직업을 선택하고 일을 합니다. 대부분의 남성들은 결혼 때문에 일을 그만두거나 결혼을 중심으로 단절된 삶의 계획을 세우지 않는 것입니다. 그러나 여성들은 결혼을 중심으로 삶의 계획을 분절해서 세우는 경우가 아직도 많습니다. 그러나 여성들이 결혼 여부와 상관없이 장기적 안목으로 삶을 계획하고 준비하면 선택하는 직업이나 삶도 많이 달라질 것이며, 삶의 질과 미래도 훨씬 풍성해지지 않을까 생각합니다. 이를 위해서는 자기 성찰을 통해 자신의 현재 역량, 장점, 단점, 잘할 수 있는 일, 평생 할 수 있는 일, 실현 가능한 일, 미래 전망 등을 확인하고, 이를 위한 장단기 투자 계획을 세우고, 주위에 조언도 구해야 합니다.

삶의 마스터플랜을 이루어가기 위해서는 올해 할 일, 2년, 3년, 5년, 10년 등의 장단기 계획을 머리로만 생각해두는 것이 아니라 글로 적어보면 좋습니다. 세상 사람들의 3퍼센트에 해당하는 큰 성공을 거둔 상위계층 사람들은 글로 쓴 구체적 목표가 있다고 합니다. 여유롭게 사는 편인 상위 10퍼센트의 사람들은 구체적인 목표는 있지만 글로 쓰지 않고 마음속으로만 생각하며, 그냥 생계를 유지하는 60퍼센트의 사람들은 아예 목표가 없다고 합니다.

우리는 하나님이 우리를 그분의 형상으로 만드셨고, 우리 삶을 향한 선한 계획을 가지고서 인도해주실 것을 믿어야 합니다. 그분의 뜻을 따르는 삶의 목표와 방향성을 놓고 기도하며 하나님의 인도를 받아야 합니다. 그리고 이를 구체적으로 실행하기 위해 고민하고 행동해야 합니다.

안정적이고 행복한 삶을 살기 위해서는 결혼 여부와 상관없이 경제력과 하는 일이 필요합니다. 대부분 싱글들은 자신이 현재 다니는 직장을 언제까지 계속 다니면서 경제활동을 할 수 있을지 의문을 품고 있습니다.

제 주변에서 직장생활을 하는 친구들을 보면 대부분이 30대까지는 직장을 다니기 때문에 경제적으로 어느 정도 여유가 있습니다. 그러다 30대 후반이나 40대가 되면 다니던 직장을 그만두거나 이직하면서 경제적으로 어려움을 겪는 친구들을 많이 봅니다. 전문직을 제외하고 여성들이 직장생활을 계속하기 위해서는 간부급으로 올라가야 하는데, 연차가 올라가면서 승진에 어려움을 겪거나, 나이가 들어 그 일을 계속하기에는 한계가 있어 그만 두는 경우가 많이 생깁니다.

40대부터는 이직을 해도 젊을 때처럼 좋은 일자리를 구하기가 쉽지 않습니다. 나이 들어 직장을 그만두면 마땅한 직업을 찾기 어려우니 잘해야 공인중개사나 보험설계사가 되거나 단순한 아르바이트를 하는 친구도 심심찮게 봅니다.

한동안 싱글 모임에서 만났던 친구 5명 중에 3명이 공인중개사 시험을 보겠다는 말을 들었습니다. "아니, 왜 다들 똑같이 공인중개사 시험을 보니? 자기 적성이라는 게 있는데, 공인중개사 일이 본인 적성에 다 잘 맞아?" 하고 물었습니다. 그랬더니 그 친구들이 하는 말이, 40대가 되어 일자리를 구하려니 나이 때문에 써주는 데가 없답니다. 막노동을 하자니 체력이 딸리고, 그나마 독립이 보장된 일을 찾은 것이 공인중개사라고 합니다. 자격증을 따면 업체에 취업할 수도 있고 개업할 수도 있지요.

하지만 막상 공인중개사 자격증을 딴다 해도 바로 돈벌이가 되는 것은 아닙니다. 취업을 하려면 경험이 있어야 하고, 개업을 하려면 자금이 필요해서, 자격증만 따놓고 일은 하지 못하는 경우도 빈번합니다. 결국 1년 동안 힘들게 공인중개사 시험 준비를 하고, 가까스로 시험에 합격한 후에 실제로 공인중개사로 일하는 친구는 다섯 명 중에 한 명뿐입니다. 다른 친구들은 막상 시험을 본 후 현장에 나가 보니 적성에 맞지 않기도 하고 마땅치 않아 그만두었습니다.

나이가 들면서 좋은 일터를 찾아 재정적으로 안정적인 수입을 얻는 것이 쉽지 않으면 삶이 어려워집니다. 따라서 30대에 안정적인 직장에 다니고 있다 하더라도, 현재 하는 일이 나이가 들어도 지속 가능한지, 계속해서 할 수 있는 일이 아니라면 어떤 일을 하며 생활할지 길게 보고 준비하는 과정이 필요합니다.

자신이 관심 가진 것에

몰두하여 행복할 때

43세가 된 소연 씨는 자기가 30대 중반을 넘어설 때 가졌던 고민에 대해 말합니다.

"30대 초반에 직장생활을 하면서 이미 제가 가진 신체적 · 지적 자원이 소진되었어요. 거기다 결혼에 대한 고민에, 앞으로 인생을 어떻게 살아야 하나 하는 고민이 들기 시작했어요. '나는 무엇을 하며 어떻게 살아야 하는가'에 대해 심각하게 고민하지 않고 그냥 30대를 맞이했다는 것이 문제였죠. 많이 당황스러웠어요. 30세쯤 되면 결혼도 하고 대충 어떻게 살겠지 하는 것이 제 인생에 대한 그림이었죠. 하지만 제가 30대 초반에 처한 현실은 달랐어요. 결혼도 하지 않은 상태였으면서 앞으로의 인생에 대한 그림도 없었어요. 100세 시대라는데, 나는 무슨 일을 하며 돈은 어떻게 벌어야 하나 생각하니 앞이 캄캄했어요. 결혼은 사람을 만나면 할 수 있지만, 결혼을 하든 하지 않든 제 삶은 계속 진행되는 현재진행형이잖아요. 그래서 저는 더 늦기 전에, 쉬면서 생각해볼 시간이 필요하다고 느꼈어요. 인생 전체를 돌아보고, 앞으로 인생의 중반기와 하반기 삶을 재정비하고 나아가야겠다고 결심했어요."

그녀는 정보 수집을 위해 틈틈이 사람들도 만나고, 앞으로 지속적으로 할 수 있는 직업군도 알아보고, 평소 관심이 있는

EM(Effective Microorganisms) 제품 관련 창업도 알아보았습니다.

39세 주희 씨는 20대 후반에서 30대 초반에 태국과 영국에서 선교 활동에 참여했습니다. 그러다 집안 사정으로 한국에 돌아와 직장생활을 하게 되었는데, 직장에서는 큰 의미를 찾지 못했다고 합니다. 그 후 시간이 좀 지나 선교 관련 일을 본격적으로 하고 싶은 마음이 들었습니다. 선교를 준비하기 위해 마흔에 신학대학원에 들어가 공부를 마쳤습니다. 그리고 자신의 어머니가 병환으로 갑자기 돌아가시는 모습을 보면서 삶이 얼마나 가치 있는 것인지 새삼 깨닫게 되었습니다. 어머니의 죽음을 통해 앞으로 남은 삶을 무엇을 하며 살아야 할지 깊이 생각하는 시간을 가지게 되었습니다. 그녀는 자신의 삶을 돌아보니 20대 후반에서 30대 초반에 태국과 영국에서 선교 활동에 참여하면서, 현지인들과 친구로 지내며 함께 일하던 시간이 가장 행복하고 보람된 시간이었음을 깨달았습니다. 자신이 사람들을 좋아하고, 사람들과 함께 시간을 보내면서 큰 기쁨을 발견한 것을 돌아보게 된 것입니다. 현재 그녀는 해외에서 온 이주민들을 돕는 일을 하고 있습니다. 자신의 삶의 여정을 돌아보고, 자신의 삶에 의미 있는 일을 찾아 다른 사람을 섬기는 모습이 참으로 귀하고 아름답습니다.

38세 수지 씨는 30대 중반까지는 무역회사에서 일하였고, 직장생활에 한계를 느껴 공인중개사 시험을 치르고 현재 공인중개사로 일하고 있습니다. 새롭게 시작한 일이 재미있고, 일반 직장과 달리 남의 눈치 볼 일이 없어 자유롭고 좋다고 말합니다.

살면서 자신이 원하는 일을 찾아서 하고 의미를 발견할 수 있다면 복을 받은 것입니다. 아울러 자신이 관심 있는 것에 몰두하고 행복을 찾을 때, 다른 사람이나 관계에 의존하지 않고 스스로 행복을 찾을 수 있습니다.

상황과 환경에 대한
냉철한 성찰과 대처

한편, 여성들은 나이가 들면서 일자리에 대해 다른 관점을 갖기 시작합니다. 47세 수연 씨는 이런 이야기를 합니다.

"이제는 체력도 딸리고, 젊었을 때처럼 과도하게 일하기도 힘들고, 그렇게 살고 싶지도 않아요. 한 달에 150만 원 정도 소득이 있으면 만족하고 감사할 것 같아요. 그 정도 선에서 꾸준히 일할 수 있다면 삶을 유지할 수 있을 것 같거든요."

무역회사에서 잘 나가던 친구였지만, 그렇게 마음을 정하고 눈을 낮춰 자신이 할 수 있는 일을 가리지 않고 찾아서 하고 있습니다.

42세 진희 씨도 일하면서 돈을 버는 것도 중요하지만, 더 이상 심하게 스트레스를 받으며 일하고 싶지는 않다고 말합니다. 수익이 좀 적더라도 마음 편히 할 수 있는 일을 찾고 싶어합니다. 젊었을 때처럼 전투적으로 일하고 돈 많이 주는 직장을 다니기보다, 마음 편하고 육체가 감당할 수 있는 일을 하고 싶다는 것입니다. 결국 자의반 타의반이겠지만, 여하튼 삶에 여유를 갖고 싶다는 소망이기도 합니다.

나이가 들어 인생 2막을 준비할 때 중요한 것은 하나님께 소망을 두고 하나님을 기대하며 기도하고, 나를 만드신 하나님께 내 삶을 의탁하며 삶의 중심을 잡으며 사는 것입니다. 다른 한편으로는 내가 처한 현실 상황과 환경에 대한 냉철한 성찰, 그리고 그에 대한 대처입니다. 다른 한편은 마음을 낮추고 현재와 미래를 하나님께 의지하며, 내가 하고 싶었던 일들을 용기 있게 시도하면서 일자리를 창출할 수 있는 준비와 용기, 그리고 창의성도 필요하다고 봅니다. 다른 사람이 내게 주는 일자리는 한계가 있고, 나 역시 그 틀에서 움직일 수밖에 없습니다. 하지만 장년에 들어서 큰 욕심을 내지 않는다면 틈새를 볼 수 있는 마음의 여유를 가질 수 있지 않을까요? 다른 각도에서 나의 삶을 바라보면 좋은 아이디어도 나올 수 있지 않을까 싶습니다.

제가 만난 대부분의 싱글들은 저축보다는 지혜로운 소비에 더 신경 쓰는 모습을 볼 수 있었습니다. 소득은 거의 예측 가능하기 때문에, 결국 재정 지출을 어떻게 하는지에 재정 운용의 묘미가 달려 있기 때문입니다.

경제적 소비가
저축이 된다

42세 미나씨는 현재 IT업체에서 일하고 있습니다.

"저축은 하지만, 딱히 노후 대비에 신경은 쓰지 못하고 있어요. 60세 이후의 삶을 지금부터 고민하려니 머리도 아프고, 노후를 위해 지금부터 허리띠를 졸라매려면 지금은 개미처럼 일만 하고 살아야 하는데, 그렇게 하고 싶지는 않거든요. 수입은 빤하니까 경제적인 소비를 하려고 노력해요. 예전에는 생각 없이 물건을 사들였는데, 불필요한 낭비를 줄이는 것이 내게는 저축인 것 같아요. 다들 하는 말이지만, 어떻게 모으느냐가 아니라 어떻게 쓰느냐가 중요합니다. 여행을 좋아해서 돈을 모았다가 친구나 가족과 함께 여행을 가고, 언어나 운동 등 배우고 싶은 것이 있을 때는 돈을 쓰고 있어요."

49세 경숙 씨는 외국인 회사에 20년 넘게 다녔습니다. 그녀는 집을 사기 위해 대출을 받았는데, 대출 이자는 높고 집값은 떨어지는 바람에 하우스 푸어(house poor) 상태에 놓여 속상해 합니다. 현재 직장을 계속 다니고 있지만, 노후를 위한 대비는 잘 모르겠다고 말합니다. 하우스 푸어 상태가 힘들기는 하지만, 그래도 자신이 하고 싶은 것, 먹고 싶은 것, 주변에 도움의 손길이 필요한 곳에 작은 도움을 주고 선물하는 일에는 돈을 씁니다. 아무것도 못하고 돈을 모으기만 하는 삶은 의미가 없고, 그렇게 살고 싶지는 않다는 것입니다.

저는 싱글들을 만나 경제 문제에 대한 대화를 나누면서, 그들이 얼마나 열심히 돈을 벌고 재산 증식을 위해 노력하는지에 대해 듣게 될 것으로 기대했습니다. 하지만 제가 만난 대부분의 싱글들은 저축보다는 지혜로운 소비에 더 신경 쓰는 모습을 볼 수 있었습니다. 소득은 거의 예측 가능하기 때문에, 결국 재정 지출을 어떻게 하는지에 재정 운용의 묘미가 달려 있기 때문입니다.

싱글일수록 매달 나에게 들어오는 소득을 정확히 확인하고, 그 예산 안에서 지출 계획을 짜고, 필수 지출 예산과 꼭 하고 싶은 게 무엇인지 생각해야 합니다. 예를 들면, 주거 안정을 위한 주택 구입, 여행, 취미 생활 등 나의 삶에서 중요하게 생각하는 것이 무엇이고, 이를 위해 얼마나 어떻게 소비할지를 정해야 하는 것이죠. 제가 만나본 싱글들은 다들 여행을 비롯한 취미 생활에 수입의 일정 부분을 지출하고 있는데, 자신이 좋아하는 일에 돈을 사용하면서 삶의 만족도가 높아지는 것을 봅니다. 그래서 현재 직장을 다니거나 경제활동을 하는 싱글들은 결혼한 사람들이 가족에게 지출하는 비용을 어느 정도는 자신의 삶과 자기 계발에 투자합니다. 싱글과 결혼한 사람들의 소비는 이 부분에서 차이가 있습니다.

자신의 소비 패턴을 파악하고
안정적인 저축을 하라

싱글 여성들은 부양가족이 없어 재정 관리가 상대적으로 쉬울 것처럼 보이지만, 오히려 여성 혼자 돈을 벌어야 한다는 점에서 기혼자들보다 어려울 수 있습니다. 게다가 자신을 부양할 사람은 자신밖에 없기 때문에 재정 문제에 부담이 더 큽니다.

제 친구 중 한 사람은 마흔까지 직장생활을 하다, 나이가 많아지니 더 이상 자리를 지키기 어려워 그만두었습니다. 이것이 많은 여성이 처하는 현실 같습니다. 그리고 나서 다시 직장을 찾아보려니 마땅치 않아 삶이 많이 위축되었습니다. 그녀는 대학을 졸업하고 열심히 돈을 벌었지만, 마흔까지 번 돈으로는 혼자 살 집 한 채 마련한 것이 다였습니다. 사실 그것도 참 크지만, 막상 직장이 없으니 매달 나가는 보험료, 세금, 생활비 등이 만만치 않다고 합니다. 이건 여성이라면 대부분 비슷하게 경험하는 이야기 같습니다.

전문직이 아니면 보통 마흔 전후로 다니던 직장을 그만두는 경우가 많습니다. 마흔 넘어 마땅한 직장을 찾는 것이 쉽지 않아 소득이 많이 감소할 수 있기에, 이를 위한 재정의 준비와 마음의 준비가 필요합니다. 경제활동을 활발히 하는 20-30대는 경제적으로 화려한 싱글로 사는 것이 가능할 수 있지만, 마흔이 넘어가고 오십을 넘어서도 재정적으로 풍성한 싱글로 살기 위해서는 많은 준비와 노력이 필요합니다.

경제교육협동조합 '푸른살림'의 박미정 센터장은 삶의 기본이 되는 재정 문제를 위해 다음과 같이 조언합니다.[10]

첫째, 현명하고 경제적인 소비를 하기 위해 가계부 대신 'M 밸런스 노트'를 사용하기를 권합니다. M밸런스 노트는 자신의 소비 패턴을 일목요연하게 볼 수 있게 만든 것입니다. 자신의 소비 패턴을 분석하고 확인한 뒤, 예산으로 세워둔 재정을 통장에 넣어두고 그 금액 안에서 지출하는 것입니다. 이렇게 하면 스스로 자신의 소비 성향과 패턴을 확인할 수 있고, 불필요한 소비를 절제할 수 있는 가이드라인을 자신에게 인식시킬 수 있습니다. 둘째, '보험과 연금을 좇지 말라'고 조언합니다. 박 센터장은 싱글들에게 6만 원대 실손 보험 하나만 가입하라고 추천하고, 나이가 들수록 보험과 연금에 의존하기보다 현금을 보유하는 것이 유리하다고 말합니다. 셋째, 목돈을 마련해두고, 저축 상품을 선택할 때는 안정성이 무엇보다 최우선이며, 원금 비보장 금융상품보다 안전하고 규칙적인 은행예금을 추천합니다.

사실 저는 가계부를 써 본 적이 없고, 써보려 생각해봐도 빤한 수입에 지출을 계속 적어나가는 것이 귀찮고 싫었습니다.

10 돈맥경화! 확 뚫어드립니다! 〈노처녀에게 건네는 농〉 4호, 2016 / 비혼여성의 재테크 주식보다 예금, 보험보다 평생 직업,브릿지경제 2015.02.03

그런데 'M밸런스 노트'는 내 소비 성향과 패턴을 확인하는 데 도움이 되겠다는 생각이 들어 시도해보려 합니다.

　나이가 들수록 돈을 벌 수 있는 기간보다 비축해둔 재정을 사용할 기간이 점점 빨리 다가옵니다. 그래서 노년을 위한 투자와 저축은 더더욱 안정성이 담보되어야 합니다. 주변 친구들이 미래를 위한 저축과 노후를 위해 종신보험이나 연금보험을 든다는 이야기를 간간이 들었고, 저도 보험이나 연금에 가입하라는 제안을 받곤 하였습니다. 하지만 내야 할 보험이나 연금 액수가 부담스러워 가입이 꺼려졌습니다. 그런데 친구들 가운데 직장에 변동이 생기거나 일을 쉬게 되면서, 생활비로 들어가는 목돈 때문에 보험이나 연금을 해지하는 경우를 보았습니다. 그래서 나이 들어 보험이나 연금을 유지하는 것이 쉽지 않음을 확인하게 됩니다.

　목돈을 마련하려고 주식 투자를 하는 친구가 있었는데, 이 또한 쉽지 않습니다. 투자를 전문으로 하거나 직업으로 삼은 사람이 아닌 이상 투자 정보에 어두울 수밖에 없고, 자산 운용사에 맡겨도 결국 투자에 대한 최종 책임은 투자자 본인이 지게 되어 있습니다. 투자 수익이 날 때는 약간의 이득을 볼 수 있을지 모르나, 손해가 날 때는 낙폭이 커져서 투자 원금 회수도 어렵고 손해가 막심할 수 있습니다. 저는 주변에서 주식 투자해서 돈을 벌었다는 사람보다 손해를 보았다는 사람을 훨씬 많이 보았습니다.

친구들이 제 전셋집을
부러워해요

우리나라에서 독립 주거 공간을 구하는 데 필요한 집세가 만만치 않습니다. 저도 부모를 떠나 집을 구하는 데 들어가는 비용이 부담스러웠습니다. 그래서 제가 택한 방법은 한동안 친구와 반반씩 전세 비용을 부담해서 집을 얻고, 생활비도 함께 부담하며 살았습니다.

39세 진주 씨는 부모님과 함께 살다가 독립하려 했지만 경제적으로도 부담스럽고, 부모님이 결혼하지 않은 딸을 독립시킬 수 없다고 완강히 반대하셔서 부모님께 한 가지 절충안을 제시했습니다. 아파트에 사시던 부모님이 다세대 주택을 구입해 이사하게 되었을 때, 부모님은 1층에, 진주 씨는 부모님께 세를 내고 2층에 살기로 한 것입니다. 그녀는 부모님이 같은 집에 살지만, 주거 공간이 완전히 분리되어 나름 숨통이 트였다고 합니다.

대학원에 다니는 39세 주희 씨는 현재 방 두 개짜리 전셋집에 사는데 월 수입은 80만 원입니다. 아껴서 살면 혼자 살기는 가능하다고 합니다. 그녀는 인생 2막을 준비하는 데 공부가 필요하다고 생각하여 대학원에 진학하였고, 대학원 등록금은 다행히 장학금으로 충당할 수 있다고 합니다. 빠듯한 재정이지만, 그녀는 건강을 위해 구청에서 운영하는 헬스클럽에도 꾸준히 다니고 있습니다. 운동을 하면 스트레스가 해소되고 자기만족감도 누린다고 합니다. 그런데 만약 지금과 같은 형편에서 전셋집이 아니라 월세로 살았다면 생계가 힘들었을 거라고 말합니다. 그녀의 싱글 친구들 중에는 자기 공간이 있다는 이유로 그녀를 부러워하는 이가 많다고 합니다. 미나 씨는 서울에 직장을 갖게 되어 자연스레 지방에 계신 부모에게서 독립하게 되었고 원룸 전세를 살고 있었습니다. 그러던 차에 전셋값이 계속 올라 이젠 집을 사야겠다고 결정하고, 은행 융자를 받아 아파트를 장만하였습니다. 그녀는 안정적인 자신만의 공간을 갖게 돼 기쁘기도 하고, 은행 융자도 갚아야 하니 열심히 일해야겠다고 새로운 삶의 열정을 보이기 시작하였습니다.

제 주변을 보면, 싱글들은 결혼한 사람들에 비해 상대적으로 집을 장만하는 일에 열심인 경우가 적은 듯합니다. 아마도 싱글이 집을 구매하는 결정을 하려면 경제력이 따라야 한다는 문제도 있지만, 싱글로서 안정적인 삶의 터전을 마련하겠다는 의지를 보여야 하는 일이기 때문이 아닌가 생각됩니다. 저도 경제적인 이유로 집 장만에 크게 신경 쓰지 못했는데, 제 또래의 기혼자들은 저와 경제적으로 비슷한 수준이라도 젊었을 때부터 어찌하든지 집 장만에 좀 더 관심을 가져왔던 것 같습니다. 그건 아마도 가족을 위한 안정적 주거 공간과 재산 증식이 필요하다는 생각 때문일 것입니다. 요즘엔 저도 이 나이에 더 이상 전세로 옮겨 다니지 말아야겠다는 생각을 심각하게 하게 됩니다. 안정적 거주 공간 확보, 즉 내 집 마련을 위해 고민하기 시작했습니다. 이런 고민을 일찍 시작했다면 좀 더 효과적인 재정 운영에 눈이 열리지 않았을까 하는 아쉬움이 생깁니다.

싱글에게 불리한

주택 공급 정책

경제적인 부분에서 가장 크게 신경 쓰이는 것이 주거 문제입니다. '주거 문제만 좀 해결하면 생활은 어떻게든 할 텐데', 혹은 '내 집만 있으면 부모에게서 독립할 텐데'라고 생각하는 싱글이 많습니다. 특히 싱글들은 자가 소유나 전세에 비해 목돈 부담이 적은 월세 거주 비중이 큰 편입니다. 2017년 통계청 인구 총조사에 따르면, 1인 여성 가구의 20.1퍼센트만이 자가(自家) 주택에 살고 있고, 22.8퍼센트는 전세, 50.6퍼센트는 월세로 살고 있습니다. 전국 30~40대 가구주의 47.8퍼센트가 자가로 살고 25.1퍼센트만 월세로 사는 것에 비춰 보면, 싱글의 월셋집 거주 비율이 월등히 높은 셈입니다.[11]

극심한 전세난과 목돈 마련 부담 탓에 월세 수요가 늘어나고 있는 형편입니다. 결혼한 사람을 우대하는 대출 정책 때문

---

11   [주간조선] 30~40대 미혼여성 138만명의 그늘, 2017.09.15

에 싱글들은 대출 받기도 어려워 재정적으로 더욱 어렵습니다. 거기다 주택 정책도 결혼한 사람 중심이기에 싱글들은 아파트 분양 받는 것도 어렵습니다.

저도 돌이켜보면, 전세는 몰라도 구체적으로 내 집을 장만해야겠다는 생각을 진지하게 해본 적이 없었습니다. 이유는 여러 가지가 있었겠지요. 주택 가격은 천정부지로 오르는데 수중에 가진 돈은 없으니 주택 구매는 그림의 떡에 불과한 데다, 목사로서 언제 어디로 이사를 해야 할지 모르는 삶의 불안정성도 한몫 했을 것입니다. 하지만 이제 중년에 들어서니 슬슬 집을 장만할 필요가 있겠다는 생각이 듭니다. 그래서 저는 얼마 전에 주택 마련을 위한 정보를 수집해보기로 했습니다.

먼저, 정부 기관인 한국토지주택공사, SH서울주택도시공사 등의 홈페이지를 살펴보며 내 집 마련을 위해 할 수 있는 일이 무엇인지 알아보기 시작했습니다. 주거 정보를 수집하기 위해 인터넷을 뒤져보면서, 제가 집 장만의 기초 지식도 잘 알지 못하고 있음을 알게 되었습니다. 보금자리, 행복주택, 장기전세, 국민임대 등 다양한 주택 사업이 진행되고 있어서, 각각을 제대로 알아보려면 한참이나 시간을 투자해야 했습니다.

우선 공공 주택 정보들을 살펴보면서 제게 해당 사항이 있는지를 살펴보았습니다. 그런데 대부분은 대학생, 사회 초년생, 신혼부부, 고령자, 다자녀 가구, 취약 계층 등에 우선순위나 입주 자격을 부여합니다. 저처럼 결혼하지 않고 사는 사람이나 1인 가구에는 별 다른 혜택이 없었습니다. 더군다나 정부 지원 임대주택이나 공공주택 추첨에서 좋은 점수를 받기 위해서는 자기가 사는 지역에서 가능한 오랫동안(적어도 5년 이상) 거주해야 해당 지역에 공공주택 공고가 나왔을 때 1순위가 되어 당첨 확률이 높아집니다. 청약저축에 가입하는 것은 물론 기본이고요. 그런데 저처럼 이리저리 옮겨 다니는 사람은 한 지역에 꾸준히 정착해서 5년 이상 사는 것도 쉽지 않고, 그러다 보니 점점 정부에서 요구하는 주택 요건에서 더 멀어지더군요. 공공주택 입주자격 자가진단을 해보는 사이트(행복주택 홈페이지, 행복주택 블로그)도 있어서 진단을 해봤으나, 현재 내 형편은 정부에서 지원하는 주택을 신청할 수 있는 조건이 아니었습니다.

"싱글족도 '서울아파트' 분양 받고 싶어요"라는 서울경제신문 2018년 12월 21일자 기사를 보았습니다. 기사에는 40대 싱글 여성이 예로 등장합니다. 독신을 고집하지는 않았지만 아직 결혼을 못해 싱글인 상태입니다. 부모님은 모두 돌아가셨고 부양가족 없이 오로지 '혼자'입니다. 서울에서 직장생활을 하는 그에게도 내 집 마련의 꿈은 있습니다. 서울에서 아파트 청약을 통해 분양받으려 하는데 과연 가능할까요? 결론부터 말하면 현실적으로는 힘듭니다. 낮은 청약가점 때문입니다. 그가 결혼을 하지 않는다면 최대로 받을 수 있는 청약가점은 54점입니다. 무주택 기간은 최대 32점까지 늘릴 수 있습니다. 청약

통장 가입기간은 이미 만점인 17점을 채웠지만 문제는 부양가족입니다. 최대 35점(6명)까지 받을 수 있지만 1인 가구는 기본점수인 5점에 머무를 수밖에 없습니다. 무주택 기간과 청약통장 가입기간에서 최고점을 채워도 부양가족이 없는 싱글족의 청약가점은 54점이 한계인 것입니다. 이 점수로 서울에서 혼자 사는 사람이 아파트를 분양받기는 쉽지 않습니다.

위의 기사 내용을 보더라도 싱글은 재정이 넉넉하지 않다면 집을 사기 어렵고, 정부로부터 받을 수 있는 혜택은 없습니다. 결혼을 하든 하지 않든, 안정적으로 거주할 집이 있다면 삶이 좀 수월해질 텐데 말입니다.

싱글로서 주거 독립을 하기로 결정하면, 독립된 거주지를 확보하기 위한 재정을 준비하는 데 좀 더 힘을 써야 합니다. 이 과정에서 경제력에 대한 현실에 좀 더 눈뜨게 되는 것 같습니다. 주거 독립을 위해서는 일단 현재 나의 소득을 확인하고, 주거비를 위해 얼마를 지출할 수 있는지 확인해야 합니다. 그동안 저축한 목돈이 있다면 전세로 독립할 수 있겠지만, 그렇지 않다면 월세로 집을 구할 수밖에 없습니다. 그런데 월세를 내고 나면 생활비와 용돈, 저축이 부족해질 수 있기 때문에 계획을 잘 세워야 합니다.

독립한다고 해서 반드시 혼자만의 독립 주거 공간을 마련해야 하는 것은 아닙니다. 독립 공간 마련에 경제적 부담이 된다면, 뜻이 잘 맞는 친구와 함께 집을 구해 공간을 공유하면 경제적 부담도 덜고 정서적으로도 서로 도움이 될 수 있습니다.

한 싱글 여성의

주거 문제 국민청원

2019년 1월, 청와대 홈페이지 국민청원 게시판에 한 싱글 여성이 주거 문제에 대해 다음과 같은 글을 올렸기에 인용합니다. 제목은 '가족형태 변화에 따른 주택청약제도의 합리적인 수정 요청'이었습니다.

저는 서울에 거주하고 있는 44세 독신여성입니다. 어려운 집안 형편 때문에 20대부터 밤낮으로 학원 강사를 하며 열심히 돈을 모아 20년 만에 제 집을 마련하고자 합니다. 직장 위치 때문에 서울을 벗어날 수는 없고, 최대한 교통이 편리한 위치를, 그리고 여성 홀로 살다보니 주거 조건 1순위로 치안을 고려하여 고르고 고르다보니 집값은 터무니없이 비싸더군요. 힘들여 번 돈은 어느새 월세나 전셋값 이자로 허무하게 새어나가더군요. 이제 노후를 준비해야 할 나이가 되기도 하여, 벌어둔 목돈으로 큰맘을 먹고 주택청약을 여러 차례 신청하였죠. 그러나 매번 가점총액이 부족하여 떨어지곤 하였지요. 아무래도 제도적 문제가 있는 듯하여 국민청원의 문을 두드리게 되었습니다.

본론을 말씀드리자면, 부양가족이 없는 저와 같은 1인 혹은 2인 가구에게 주택청약은 그림의 떡과 같은 제도입니다. 바로 부양가족 수에 따른 가점 부분 때문이죠. 참고로, 평형 가운데 59㎡ 이하 주택을 기준으로 청약신청을 해왔습니다만, 조건에 맞는 지역의 주택의 청약에 당첨이 되려면 적어도 청약기간과 무주택기간이 15년 이상 된 4명 이상 부양가족을 가진 40대 가장만 당첨되겠더군요. 따라서 저 같은 1인 가족의 경우는 청약 당첨될 확률이 거의 없다고 보이네요. 최근 서너 차례 국영, 민영주택 청약에 신청했으나 번번이 떨어졌습니다.

가족의 형태는 시대변화에 따라 빠르게 바뀌어가고 있습니다. 전통적인 가족의 형태를 기준으로 만들어진 청약제도라면 반드시 수정되어야 할 것으로 보입니다. 가령 부양할 자녀가 있다 하더라도, 이혼과 비혼이 부득이하게 선택되기도 하지요. 1인, 혹은 2인 가구에겐 큰 평형이 필요하지 않습니다. 따라서 부양가족에 대한 가점기준은 분양 평형에 따라 다르게 적용되게 해주시면 좋겠습니다. 그렇지 않다면 오히려 투기의 형태로 의심할 여지가 많다고 봅니다. 한국 가족 형태가 최소한의 공간에서 거주할 수 있는 평형을 분석해주시어, 합리적인 청약제도에 대한 제도적 오류를 신중하게 조정해주시기를 청원드립니다.

14장

싱글의 건강관리와 노후 대책 세우기

평범한 싱글들 가운데 60대 이후의 노후를 준비할 만한 경제적 여력이 있는
사람은 많지 않습니다. 노후 이야기만 나오면 마음이 한없이 무거워지는가 하면,
현재의 삶은 노후 준비에 저당 잡혀 아무것도 할 수 없는 현실을 보게 됩니다.

노후 준비를 못하는
가장 큰 이유

노후 대책에 대해 이런저런 말은 많이 하지만, 실제로 노후 준비를 하라고 말하면 다들 난색을 표합니다. 지금 당장 먹고 살기도 팍팍한데 노후 준비라니요! 대중 매체에서 "노후 준비에 몇 십 억이 필요하다"는 보도를 접하거나 "노후 준비를 위해 보험을 들라"는 광고를 볼 때마다 마음만 더 불안해지곤 합니다.

2016년에 나온 '서울 1인 가구 여성의 삶 연구 : 4050 생활 실태 및 정책 지원 방안 – 노후 준비와 사회관계를 중심으로'라는 자료를 살펴보면, 중장년 여성 1인 가구의 노후 준비 정도에 대해 '준비하고 있다'고 응답한 비율은 36.9퍼센트였습니다. 노후 준비를 하고 있다고 응답한 사람을 대상으로 주된 노후 준비 방법을 알아본 결과, 가장 많은 응답은 '보험, 저축 등의 경제적 준비'(70.5퍼센트)였습니다. 그 외에 '여가생활을 위한 대비'가 12.8퍼센트, '직업이나 일의 전문성을 위한 투자나 자기관리'(8.0퍼센트)의 순서로 나타나, 노후 준비로는 대부분 '경제적 준비'를 하고 있음을 알 수 있습니다. 근로소득별로 노후 준비 정도를 살펴보면, 400만 원 이상 임금을 받는 여성 1인 가구가 노후 준비가 가장 잘 되고, 120-150만 원인 집단에서 노후 준비가 가장 안 된 것으로 나타났습니다.

여성이 나이 30대 중반 이후에서 40이 넘어가면 피라미드

구조인 직장에서 승진하지 않는 이상 더 일하는 것도 쉽지 않습니다. 그러다 보면 경력 단절이 일어나고, 새로운 직장을 구해도 이전만큼 많은 월급을 받기가 쉽지 않습니다. 그래서인지 제 주변의 30대 후반 이후 싱글 여성들 중에 고학력자라 해도 월급으로 받는 금액은 150-200만원 안팎인 경우가 많습니다. 따라서 여성들이 노후 준비를 잘하기는 쉽지 않은 게 현실입니다. 위의 자료를 살펴보면, 노후를 준비하고 있다는 여성은 10명 중 4명 내외이고, 노후 준비를 못 하는 가장 큰 이유는 '(경제적) 여유가 없어서'(81.2퍼센트)입니다. 많은 싱글 여성들이 이 군(群)에 속하지 않을까 싶습니다.

세상은 100세 시대라고 하는데, 보통 40대에 들어서면 직장에서도 서서히 도태되기 시작합니다. 특정 직업군이 아니고서는 대부분 50대 초중반에 직장을 나오게 됩니다. 이렇게 고용이 불안정하고 수입이 불투명한 상황에서 퇴직 이후의 삶을 생각하면 난감해집니다. 50대 초중반까지 벌어놓은 돈만으로는 100세 시대를 준비하기 어렵기 때문에, 은퇴 연령인 70세까지 할 수 있는 제2의 직업을 찾아야 합니다. 50대 초중반에 제2의 직업을 찾을 때는 젊을 때처럼 좋은 일자리를 찾기가 쉽지 않습니다. 그 점을 감안하고 눈높이를 낮춘다 해도 수입이 이전 같지 않습니다. 게다가 의학의 발달로 평균 수명이 길어지면서 은퇴 이후로도 수십 년을 더 살게 됩니다.

70세 이후 아무 일도 안 하고 쉴 수 있는 사람이 많지도 않지만, 경제 활동을 할 수 있다면 계속해서 하는 것이 정신적, 경제적으로 도움이 되며, 그것이 가장 좋은 노후 준비가 될 수 있습니다. 아울러 70세 이후의 20-30년을 어떻게 즐겁고도 의미 있게 보낼 수 있는지 생각해보고 준비해야 합니다.

간병기를
대비하라

경제교육협동조합 '푸른살림'의 박미정 센터장은 아플 때 다른 사람의 도움을 받아야 하는 시간, 즉 '간병기를 준비하는 것이 노후 준비'라고 말합니다.

"60세까지 번 돈으로는 주거를 안정화시키고 자녀들도 잘 키우고 최대한 몸도 건강하게 돌보세요. 자기계발에도 투자하시고요. 60세 이후에 버는 돈으로 아파서 눕게 되는 간병기를 대비하시면 되는 거예요. 그러니까 노후 준비는 내가 60세 이후에 어떤 일을 하면서 즐겁게 살 수 있을지 지금부터 투자하고 고민하고 노력하는 것입니다."[12]

평범한 싱글들 가운데 60대 이후의 노후를 준비할 만한 경제적 여력이 있는 사람은 많지 않습니다. 노후 이야기만 나오면 마음이 한없이 무거워지는가 하면, 현재의 삶은 노후 준비에 저당 잡혀 아무것도 할 수 없는 현실을 보게 됩니다.

앞에서 언급한 것처럼, 일단 60세까지는 저축한 돈으로 주거를 안정시키는 데 주력해야 합니다. 하지만 60세 이후 아무것도 안 하고 죽는 날만 기다리는 것이 아닙니다. 사람들은 노후 준비로 주로 경제적인 것만 생각하는 경우가 많은데, 경제활동뿐 아니라 건강관리와 마음의 준비, 그리고 할 수 있는 일을 찾아 일하는 것이 접근 가능한 현실적 대안이 아닐까 생각합니다.

한 친구가 제게 '95세 노인의 고백'이라는 영상을 보내왔습니다. 노후를 어떻게 보낼지 생각할 수 있게 해주는 참 현실적이고 감동적인 내용이라 그 영상의 자막을 소개해 봅니다.

나는 젊었을 때 정말 열심히 일했습니다. 그 결과 실력을 인정받고 존경을 받았습니다. 그 덕에 65세에 당당한 은퇴를 할 수 있었죠. 그런 내가 30년 후인 95세 생일에는 얼마나 후회의 눈물을 흘렸는지 모릅니다. 내 65년 생애는 자랑스럽고 떳떳했지만, 이후 30년은 부끄럽고 후회되고 비통한 삶이었습니다. 나는 퇴직 후에 "이제 다 살았다", "남은 인생은 그냥 덤이다"라는 생각으로 고통 없이 죽기만을 기다렸습니다. 덧없고 희망 없는 삶을 무려 30년이나 살았습니다. 30년의 시간은 지금 내 나이 95

세로 보면 3분의 1에 해당하는 기나긴 시간입니다. 만일 퇴직할 때 앞으로 30년을 더 살 수 있다고 생각했다면 정말 그렇게 살지 않았을 것입니다. 그때 스스로가 늙었다고, 뭔가를 시작하기엔 늦었다고 생각했던 것이 큰 잘못이었습니다. 나는 지금 95살이지만 정신이 또렷합니다. 앞으로 10년, 20년을 더 살지도 모릅니다. 이제 하고 싶었던 어학 공부를 시작하려 합니다. 이유는 단 한 가지. 10년 후 맞이하게 될 105번째 생일날, 95살 때 왜 아무것도 시작하지 않았는지 후회하지 않기 위해서입니다. 늦었을 때라는 건 없습니다. 지금 다시 시작하세요.

30대 중반부터 변화되는
여성 건강 돌보기

전문가들에 따르면 여성 호르몬은 보통 35세부터 줄어들기 시작해 40세 이후에 급격히 감소한다고 합니다. 여성 호르몬은 심혈관, 생식기, 뼈에 이르기까지 여성의 모든 생체 기능 조절을 담당하고 있는데, 여성 호르몬이 감소하면서 생리 불순, 피부 노화, 갱년기 증상이 나타나기 시작하고, 근육량이 줄고 근력도 떨어지며 지방은 증가해 피부 탄력이 없어집니다. 따라서 건강한 중년을 위해서는 30대 중반부터 건강에 신경 쓰며 운동을 생활화하는 것이 중요합니다.

저는 30대 중후반부터 체력 저하로 힘들어지기 시작했지만, 적극적으로 조치를 취하기보다 참아야 하는 것으로 생각하고 그 시기를 지냈습니다. 그러다 40대 중반부터 본격적으로 몸에 기운이 없고 가슴도 답답하고 무기력해지고, 몸에 열이 오르락내리락하며 발한(發汗) 증상이 심하게 나타나기 시작했습니다. 병원과 한의원도 찾아갔지만, 의사들은 기력이 딸려 그런 것 같다면서 특별한 조치를 해주진 않았습니다. 그러다 점점 일상생활마저 힘들어져 다시 여성 병원에 찾아가 상담했더니, 의사는 제게 갱년기가 찾아온 것이라고 진단했습니다. 40대 중반인데 벌써 갱년기라고 생각하니 약간 씁쓸했습니다. 그러고 나서 주변을 보니, 저처럼 갱년기 증상으로 고생하면서도 갱년기 증상이 찾아왔다고 생각하지 못하는 사람이 의외로 많다는 사실을 알게 되었습니다.

어떤 여성은 아직 완경(폐경)이 안 왔으니 갱년기는 자기와 상관없다고 여깁니다. 몸에 열이 오르고 가슴이 두근거리는 증상이나 우울감으로 힘들어 하는 40대 중후반 여성에게 갱년기 증상인 것 같다고 넌지시 말해주면, 인정하고 싶어 하지 않거나 적극적으로 대처하는 데 별 관심을 보이지 않았습니다. 많은 여성이 갱년기 증상을 인정하려 들지 않고, 이에 적극 대처하여 활기 있게 살아가는 방법을 강구하기보다 참고 인내하려는 심리가 있는 것입니다.

여성이 나이가 들면 난소가 노화하면서 배란과 여성 호르몬의 생산이 더 이상 이루어지지 않습니다. 이로 인해 월경을 하지 않고 임신 능력을 상실했을 때를 완경이라고 말합니다. 완경이 나타나는 시기는 대개 유전적으로 결정되는데, 45-55세 사이입니다. 1년간 생리가 없을 때를 완경이라고 진단하며, 완경 후 약 1년까지를 갱년기라고 합니다. 갱년기에 가장 흔하게 나타나는 증상은 생리불순이며, 우리나라 여성 중 50퍼센트 정도는 급성 여성 호르몬 결핍 증상으로 안면홍조, 빈맥, 발한을 경험합니다. 이 무렵의 전체 여성 가운데 약 20퍼센트에 해당하는 여성에게는 갱년기 증상이 좀 더 심하게 나타나는데, 안면홍조와 함께 피로감, 불안감, 우울, 기억력 장애 등이 동반되기도 하고, 수면장애, 기억력 감퇴, 골다공증, 고지혈증, 질건조나 질위축증이 나타나기도 납니다.[13]

우리나라 여성의 평균수명은 80세가 넘습니다. 따라서 이전엔 갱년기가 여성의 노화기로 여겨졌으나, 요즘에는 완경기 이후의 삶이 여성 삶의 생애 주기에서 3분의 1 이상을 차지하게 됩니다. 그러므로 완경기 이후의 삶은 건강의 측면뿐 아니라 삶의 질적인 면에서도 매우 중요합니다. 여성 호르몬 부족으로 인한 증상은 갱년기가 지나도 계속해서 여러 증상으로 나타나기 때문에 몸과 마음을 잘 관리해야 합니다.

제가 갱년기가 되어 보니 어르신들이 몸에 좋다는 것에 돈을 투자하고 열심히 건강을 챙기는 것이 이해가 되었습니다. 저 또한 몸이 힘들어지기 시작하니 현재의 생활을 유지하기 위해 몸에 좋다는 것도 먹고 운동도 하며 몸에 신경을 쓰기 시작하였습니다.

30대 중반 이후에 건강한 여성으로 살아가려면 몸에서 생성되지 않는 여성 호르몬을 대치해주기 위한 음식을 섭취하고 적절한 운동을 하며, 필요에 따라 병원 치료를 받는 것이 지혜롭습니다.

갱년기에 좋은 음식으로 석류, 콩, 자두, 견과류, 칡, 고칼슘 식품(우유, 치즈, 두부, 뼈째 먹는 생선, 미역 등), 비타민 E가 풍부한 식품(식물성 기름, 견과류, 과일 등)을 권합니다. 갱년기가 지난 후에도 계속 건강을 잘 돌보는 여성은 힘을 되찾고 오랫동안 질 높은 생활을 즐길 수 있습니다.

아프면 빨리
병원부터 가!

얼마 전 사무실에서 의자 위에 올라가 옷장 위쪽에 있는 물건을 꺼내려다 중심을 못 잡고 의자에서 떨어졌습니다. 이 일로 왼쪽 어깨와 팔다리에 타박상을 입었습니다. 저는 창피한 마음에 자리에서 벌떡 일어났고, 당시에는 크게 아픈 줄을 몰랐습니다. 그러다 시간이 조금 지나면서부터 왼쪽 팔과 다리가 욱신거리기 시작했는데, 크게 신경 쓰지 않고 무시했습니다. 하지만 시간이 지나도 증세가 호전되지 않아 결국 정형외과와 한의원을 들락거리게 되었습니다. 병원에 가니 나이가 들어 오십견이 왔다고 진단해주었습니다. 저는 항변했습니다.

"아니에요! 넘어져서 다쳤다니까요!"

타박상도 입었지만 나이가 있어서인지 빨리 낫지 않고, 거기다 오십견 증상도 겹친 것이라고 의사는 말하였습니다. 마음속으로는 '내가 오십견이라니!'라는 생각이 들면서 잘 받아들여지지 않았습니다.

'웬 오십견? 내가 벌써 그 나이가 되었나?'

평소에 주변 친구들과 어른들은 이제 조심해야 할 나이라고, 젊을 때 같지 않다고, 다치면 잘 낫지 않고 오래간다고 충고해주었습니다. 다치기 전까지는 무슨 말인지 이해하지 못했습니다. 그런데 실제로 다치고 나니 생각했던 것보다 회복이 더 디고, 이제는 완전히 회복되는 것도 쉽지 않다는 것을 실감합니다. 몸이 아프거나 다쳤을 때 곧바로 병원에 갔으면 그래도 빨리 나았을 텐데, 시간을 오래 끌다 병을 키운 다음 병원에 가는 바람에 육체적, 경제적으로 더 큰 손실이 났습니다. 병원 가는 것이 싫어서 웬만하면 참으려 했던 것이 결국 '가래로 막을 것을 호미로 막게 된 것'입니다. 그 후 아프면 빨리 병원에 가서 치료를 받거나 의사에게 상담을 받아야겠다고 다시 다짐했습니다.

마흔 넘어 친구들을 만나면 많이 이야기하는 주제가 앞으로 어떤 일을 하며 생계를 계속 꾸려 나갈 것인가 하는 것과 건강에 관한 이야기입니다. 다들 나이가 들어 여성 호르몬이 부족해지면서 쉽게 피로해지고, 피부 윤기도 사라지고 골다공증도 생기기 때문에 몸이 아팠던 경험과 대처 방법과 좋은 건강 정보들을 서로 나누곤 합니다. 그러면서 친구들끼리 이런 이야기를 나누며 웃습니다.

"아이고, 이제 우리도 만나면 건강 이야기 하는구나! 할머니들이 매일 왜 그리 열심히 약 챙겨먹고 건강식품 밝히는지 이해가 안 간다 했는데, 이제 보니 우리도 그러고 있네!"

아프거나 다쳤을 때 더 어려운 점은 마땅히 도움을 요청하거나 말할 사람이 없는 것입니다. 연로하신 부모님께 나이든 자식이 아프다고 말하기도 미안합니다. 그렇다고 각자 결혼해서 가족이 있는 형제자매에게 말하기도 쉽지 않습니다. 결혼한 친구들에게 말하기도 어렵습니다. 친구도 자기 가족과 생활이 있기 때문입니다.

한 친구는 자궁에 혹이 생겨 자궁을 들어내는 수술을 하게 되었는데, 함께 사는 80이 넘은 어머니에게 말씀드리기 어려워 말씀 드리지 않고 조용히 홀로 입원해서 수술을 받았다는 이야기를 들었습니다. 입원 기간에는 교회 공동체의 싱글 친구가 휴가를 내서 간병을 해주었다고 합니다. 친구의 이야기를 들으면서 마음이 뭉클해지고 잔잔한 감동이 밀물처럼 몰려왔습니다. 싱글 사정은 누구보다 싱글로 사는 사람이 잘 압니다. 그래서 친구가 아플 때, 그렇게 열일 제쳐놓고 도움을 준 것입니다.

싱글들은 아플 때 '정말 혼자구나' 하는 생각이 들고 마땅히 도움을 청하기가 어렵습니다. 이럴 때 나의 상황이나 아픔에 대해 말하기 좋은 상대는 싱글 친구들입니다. 나와 같은 상황에 있는 친구들에게 서로 마음을 터놓고 지내며, 아프거나 힘들 때 서로 도움을 주고받는 것이 큰 힘이 됩니다.

결혼하지 않는다고 해서 꼭 혼자 살 필요는 없습니다. 결혼하지 않은 여성들
가운데 가족이나 친구들과 함께 사는 사람들이 많습니다. 각자의 상황과 환경에
따라 혼자 독립해 살 수도 있고, 가족이나 친구들과 함께 살 수도 있습니다.

싱글들은 때로 결혼한 친구들과 관심사가 너무 달라서 만나도 더 이상 즐겁지 않습니다. 싱글 여성들이 많이 하는 이야기 중 한 가지가, 한때는 정말 친한 친구였는데 결혼한 후에 만나니 관심사가 달라져 때로는 할 이야기가 없고 재미가 없다는 것입니다. 싱글의 관심사는 자신의 삶이나 결혼, 친구, 직장 등인 반면, 결혼한 사람들의 관심사는 주로 남편, 자녀, 양쪽 집안 이야기입니다. 결혼한 사람들에게는 너무나 당연하고 일상적인 이야기지만, 싱글과는 별 상관없는 이야기들입니다.

이렇게 관심사가 달라지니 만나도 공통 주제가 없어 대화가 끊기고, 거기다 싱글들은 결혼한 친구들로부터 "너도 빨리 결혼해야지" 혹은 "결혼하면 힘드니 너는 결혼하지 마라"는 이야기를 듣곤 합니다. 결혼한 친구들이 자신의 기분과 감정에 따라 싱글들에게 '결혼해라' 아니면 '결혼하지 마라'라고 말하는 모습을 보면 혼란스러워집니다.

한번은 여러 친구가 함께 모인 자리에 가니 저 혼자 싱글이었습니다. 그래서 결혼한 친구들끼리 나누는 이야기와 그들만의 관심사를 일방적으로 들어야 했습니다. 일터나 사회에서 만나는 사람 중에 30-40대로 결혼한 사람이 저와 이야기를 나누다가, 자신이 결혼하고 아이를 낳았다는 이유만으로

50대가 된 중년의 저에게 어른인 척하고, 인생을 안답시고 잘난 척하는 모습을 볼 때는 말문이 막힐 정도입니다. 결혼을 마치 벼슬처럼 여기는 이들의 무례한 대화와 태도가 정말 불쾌할 때가 있습니다. 하지만 싱글 입장에서 일일이 그런 일을 문제 삼으면 자격지심이 들기도 하고, 사람들과의 관계가 걸린 일이니 대응하기를 포기합니다. 이런 일이 여러 차례 반복되다 보면 싱글들은 그런 모임에 가는 것을 아예 피하게 됩니다.

남편과 사별한 여자 집사님이 제게 말했습니다.

"남편이 없으니 사람들과 어울리기 쉽지 않더라고요. 다들 부부 중심이고 이야기도 그렇게 돌아가니 제가 낄 수가 없더라고요."

남편과 사별한 후 싱글이 되니, 그녀가 지금 접하는 세상이 이전에 경험한 세상과 많이 다른 것을 피부로 느끼게 된 것입니다. 그 이야기를 들으며, 계속 싱글로 살아온 저보다 결혼했다가 다시 싱글이 된 사람들이 결혼 중심 사회에서 느끼는 소외감이나 박탈감이 더 클 수 있겠다는 생각을 하게 되었습니다. 교회에서도 결혼한 사람들과 함께 소그룹에 편성될 경우, 싱글들은 앞에서 언급한 경험을 하게 됩니다. 그래서 때로 싱글들은 결혼한 사람들이 중심인 모임에서 슬그머니 사라지곤 합니다.

기혼자와 싱글이 함께 있는 모임이라면, 너무 일방적으로 어느 한 편으로 대화 주제가 흘러가지 않도록 다 같이 이야기할 수 있는 공통 주제를 다루는 센스가 있으면 좋겠다 싶습니다. 그래서인지 저는 때로는 싱글 친구들끼리 만나는 모임이 더 좋습니다. 결혼한 사람들 신경 안 쓰고 내가 하고 싶은 이야기를 하고, 결혼한 사람들의 이야기를 일방적으로 듣지 않아도 되니 말입니다.

최근 추석 연휴에 싱글 친구들을 경복궁 근처에서 만나 간만에 여유를 가졌습니다. 함께 궁궐을 걷고, 인사동과 삼청동을 한 바퀴 돌고 커피도 마시며 편한 시간을 가졌습니다. 이런 만남과 여유와 수다는 싱글 친구들만이 함께할 수 있는 특권이라고 생각합니다. 싱글 친구들을 만나면 긴장을 풀 수 있고, 싱글로서 나의 고민거리도 편히 마음 터놓고 진솔하게 이야기할 수 있어 좋습니다.

결혼 안 한다면
누구와 살 것인가?

몇 년 전 TV에서 60세가 넘은 김애영 교수(한신대)와 90세가 넘은 박순경 교수(이화여대 기독교육학과 명예교수)가 서로 아끼고 의지하며 20년 넘게 가족으로 함께 살고 있는 모습을 보여준 적이 있습니다. 이 두 분은 원래 대학 교수와 제자 사이로 두 분 다 싱글이었는데, 모녀 관계처럼 인생의 동반자로 살았던 것입니다. 혈연으로 맺어진 사이는 아니지만, 물질적·정서적으로 서로 나누며 가족처럼 챙기고 행복하게 살고 있었습니다.

결혼하지 않는다고 해서 꼭 혼자 살 필요는 없습니다. 결혼하지 않은 여성들 가운데 가족이나 친구들과 함께 사는 사람들이 많습니다. 각자의 상황과 환경에 따라 혼자 독립해 살 수도 있고, 가족이나 친구들과 함께 살 수도 있습니다.

저는 혼자 있는 것을 좋아하는 사람이지만, 집안에 인기척이 있는 것이 좋습니다. 그래서 홀로 거주하는 것을 원하지 않습니다. 저는 부모님을 떠나 교통 편한 곳에 사는 결혼한 여동생 집에 집세를 내면서 함께 살기도 하고, 대학원 동기와 집을 얻어 함께 살기도 했습니다. 몇 년 전 아버지가 돌아가신 후 지금은 어머니와 함께 살고 있는데, 나중에 어머니가 돌아가신 후에도 아마 혼자 거주하기보다 서로 생활을 존중해주며 살 수 있는 룸메이트를 찾아 같이 살지 않을까 싶습니다. 공동 비용으로 집을 얻으면 혼자 살 때보다 넓은 곳에 살면서도 경제적 부담이 적고, 정서적으로도 의지가 되고 서로 도울 수 있기 때문입니다.

또 생각해볼 것은, 결혼한 사람도 이혼하거나 배우자와 사별하면, 결국 모든 사람은 언젠가 결혼 상태가 해지되며 혼자 남는다는 사실입니다. 그러므로 단지 결혼하지 않았기에 혼자라고 생각할 필요가 없습니다. 앞에서도 언급했지만, 일본에서는 결혼과 관계없이 83퍼센트의 여자가 결국 혼자 남게 된다고 합니다. 우리나라도 별반 다르지 않다고 봅니다. 여성이 남성보다 평균 수명이 길기 때문에, 결국 나이가 들수록 싱글 상태로 사는 여성이 점점 많아지고 싱글로 사는 기간도 더 길어집니다. 결혼한 사람도 언젠가는 배우자가 없는 상태로 살게 됩니다. 따라서 결혼 상태가 아닌 것, 배우자가 없는 것에 대해 너무 두려워하거나 부담감을 가지며 살 필요는 없습니다. 누구나 언젠가는 다 싱글로 돌아가기 때문입니다. 현재 결혼하지 않은 사람은 싱글로 사는 기간이 좀 더 길어진다는 차이만 있을 뿐입니다. 그러므로 "싱글로 살면서 누구와 살 것인가?"는 열린 질문입니다. 혼자 살 수도 있고, 가족이나 친구와 살 수도 있습니다. 다양한 사람과 함께 살 수 있는 기회는 열려 있습니다.

'싱글 라이프'를 연구하는 벨라 드파울로는《우리가 살아가는 방법》에서 300건 이상의 인터뷰와 논문, 기사 등을 기초로 현대 사회에서 사람들 대부분이 핵가족으로 거주할 것이라는 고정관념을 해체하고, 새롭게 등장하고 있는 다양한 생활 공간과 생활 방식을 살펴보았습니다. 여성 4대가 함께 살거나 결혼한 형제와 싱글 형제가 한 지붕에서 함께 사는 가족이 있는가 하면, 가까운 친인척이 함께 살며 도움을 주고받는 경우도 있습니다. 반면, 서로 사랑하고 헌신하지만 각자 독립 공간에서 사는 부부도 있습니다. 혈연관계는 아니지만, 아이를 함께 키우기 위해 상부상조하는 싱글맘들도 있고, 오랜 친구들이 집을 공동으로 구입하여 붙어 살기도 합니다. 이 책에서는 이렇게 각자의 독립 공간을 유지하면서도 함께 살며 친밀감을 누리고, 다양한 방식으로 연대하며 살아가는 사람들의 삶의 방식을 보여줍니다. 저는 이 책을 보면서, 사람들은 결국 자신들이 원하고 행복한 방식으로 산다는 것, 다른 사람들 신경 쓸 것 없이 나에게 맞는 공간, 장소, 사람을 찾아 혼자 그리고 또 함께 살 수 있는 방식을 모색하면 된다는 것을 다시 한 번 확인하였습니다.

부모님과 관계는 어찌 할까?

제가 30대 초반의 어느 날, 어머니가 집 앞을 쓸면서 혼자 넋두리를 하시는 말씀을 듣게 되었습니다.

"아이고! 도대체 너는 뭐가 못나서 결혼을 못 하는 거냐?"

저는 그 소리를 듣고 어이가 없었습니다. 도대체 엄마는 왜 저러시는 거야?

저는 3녀 1남 중 장녀이고 나름 제 앞일을 잘 꾸려 나갔기에 부모님이 큰 걱정을 하지 않으셨습니다. 부모님은 제게 결혼을 재촉하거나 크게 스트레스를 주지도 않으셨습니다. 늘 "네 삶이니까 네가 잘 알아서 해라"라는 말씀만 하셨습니다.

그러나 제가 서른이 넘어가면서 어머니 주변 친구나 친척들을 만나면, 제가 결혼하지 않은 것으로 인해 사람들의 입담에 오르내리는 것이 싫으셨나 봅니다. 그럴 때마다 한 번씩 저에게 "결혼은 어찌 할 것이냐?"라고 묻곤 하셨습니다. 그때마다 "나는 좋은 사람 만나면 할 테니 걱정 마시라"고 말씀드렸지만, 주변 친척과 친구들의 입담 때문에 상처받는 부모님을 보며 저도 마음이 편치 않았습니다. 부모님께 죄송한 마음도 없진 않았지만, 그렇다고 해서 가족과 친척들의 사회적 압력에 못 이겨 아무나하고 결혼할 수는 없고, 부모님도 그것을 원하지는 않으셨습니다.

42세 미나 씨는 얼마 전에 고향에 갔다가 어머니와 결혼 문제로 말다툼을 한 끝에 화를 내고 서울로 돌아왔다고 합니다. 이유야 어찌 됐든 어머니께 그렇게 화를 내고 오니 마음이 많이 불편하고 미안한 마음이 들어 한참을 울었다고 했습니다. 그녀의 어머니는 딸이 결혼을 하지 않은 것이 자신의 임무를 제대로 완수하지 못한 것이라고 생각하시는지, 미나 씨를 볼 때마다 결혼을 채근하며 한숨을 쉰다고 합니다. 미나 씨는 엄마한테 미안한 마음이 들기도 하지만, 장성한 딸이 직장생활하며 자기 앞을 잘 꾸리고 사는 것에 자부심을 가지셨으면 하는데, 결혼하지 않았다는 이유만으로 딸의 인생이 마치 실패작인 것처럼 말씀하시는 엄마에게 크게 서운함을 느낀다고 말합니다.

하지만 모든 부모가 다 그런 것은 아닙니다. 제가 아는 한 싱글 친구는 부모님이 80세가 넘으셨는데, 나이가 드시니 결혼에 대한 압력은 사라지고, 은근히 자식이 결혼하지 않고 부모님과 함께 서로 의지하며 살기를 기대하신다고 합니다. 그녀처럼 실제로 싱글 여성 가운데 부모님과 함께 살면서 정서적, 경제적으로 의지하며 사는 이들이 많습니다.

우리나라 같은 결혼 중심 사회에서 서른 넘어 결혼하지 않은 딸을 가진 부모님이나 싱글들이 주변의 압력으로부터 완전히 자유롭기는 쉽지 않습니다. 하지만 어찌하겠습니까? 여전히 결혼하는 사람들이 많은 상황에서 소수자들이 겪는 어려움이 있음을 인정하고 상처받을 수 있음도 받아들입니다. 제가 부모님께 할 수 있는 일은 사회 성원으로서 저의 삶의 몫을 감당하고 잘 사는 모습을 보여드리는 것이라고 생각합니다.

싱글 입장에서 보는
축의금 문화

한 싱글 친구가 이제 결혼이나 돌잔치 축의금을 더 이상 내고 싶지 않다는 속내를 드러냈습니다. 하지만 그녀는 이 말을 하는 것이 쉽지 않습니다. 사람들한테 이기적인 사람으로 낙인 찍힐 수 있기 때문입니다. 그녀는 회사에서 함께 일하는 사람들이 결혼할 때마다 10년 넘게 계속 축의금을 냈고, 그들이 아이 낳고 돌잔치 오라고 하면 또 봉투를 준비하는 일이 반복되고 있습니다. 결혼한 사람들과 공통 관심사가 없는 그녀에게 결혼식과 돌잔치에 가는 일이 마냥 기쁘지는 않습니다.

이제 마흔이 넘은 그 친구는 지인들과 친구들을 위해 열심히 축의금을 냈지만 아무런 '혜택'도 받지 못했습니다. 남의 결혼식과 돌잔치에 들러리를 서는 것도 이제는 부담스럽습니다. 축의금은 축하하기 위한 것이지만, 주고받는 품앗이 성격의 돈이기도 하니까요.

싱글이 늘면서 이에 대해 문제를 제기하는 사람들이 생겨나기 시작했습니다. 최근 한 온라인 커뮤니티 사이트에서는 '앞으로 결혼은 하지 않을 테지만, 축의금 명목으로 돈을 걷어주면 좋겠다'는 비혼 선언문이 올라와 화제가 됐습니다. 이 글은 많은 사람들의 지지를 받았고, 온라인 게시판에는 '10년간 결혼을 안 하거나 못하면 친구들이 축의금 대신 '위로금'을 걷어주기로 했다'는 글도 종종 등장합니다. 장기간에 걸쳐 축의금으로 지출한 금액을 전혀 돌려받지 못하는 기존의 축의금 문화는 싱글들의 입장에서는 불합리하다는 인식이 반영된 것입니다.[14]

저도 친구들과 지인들의 결혼식과 돌잔치 축의금만 계속 냈습니다. 얼마 전 한 권사님을 만나 이야기를 나누던 중에, 그 분의 딸이 삼십대 후반인데 결혼을 안 해서 마음이 쓰인다고 하면서, "친척, 친구, 교회 사람들의 자녀들 결혼식에 매번 가서 축의금만 내고 전혀 회수가 안 되네. 언제까지 이렇게 해야 하니?"하고 쓴웃음을 지으셨습니다.

싱글 자녀를 둔 부모님은 주변의 가족, 친척, 이웃들이 아들, 딸이 언제 결혼하느냐고 하도 물어서 스트레스는 받을 대로 다 받고, 그렇다고 남의 결혼식에 안 가기도 뭐하고 축의금은 안 낼 수 없고, 난감하긴 싱글 자녀와 마찬가지입니다. 그래서 어떤 부모님은 과년한 싱글 자녀에게 이렇게 독촉합니다.

"내가 주변 친척, 지인, 친구들 결혼식에 갖다 바친 축의금이 얼마인데! 빨리 결혼해라!"

싱글 입장에선 참 난감합니다. 우리나라에서 자녀를 결혼시키는 부모들에게 결혼 축의금은 상호 부조 개념이 강하기에, 자녀들이 결혼하지 않은 부모 입장에서는 당연히 아까울 것입니다. 그리하여 어떤 분은 결혼 축의금에 대해 다음과 같이 제안합니다. 결혼 축의금은 부모 중심이 아니라 결혼 당사자 중심으로 주고 받고, 결혼 생활에 필요한 작은 선물을 하거나, 신랑 신부가 혼수 리스트 목록과 일정한 상한선을 정해놓고 친구와 지인들이 참여하게 하거나, 혼자 부담하기 어려운 고가 제품은 친구 여럿이 돈을 모아 선물하는 것도 좋은 방법 같다고요. 아울러 주변에 계속 축의금을 내는 싱글 친구가 있다면,

친구들이 함께 돈을 모아 생일 축하나 여행 선물을 해주는 등, 싱글 친구의 필요를 묻고 배려해주면 좋겠습니다.

친척들과
관계는 어찌 할까?

친척이 함께 모이는 명절 때가 되면 많은 싱글이 '친척들의 잔소리'에 불편을 호소합니다. 싱글들은 명절에 결혼 잔소리를 피하기 위해 다양한 대응을 합니다. "좋은 사람 있으면 소개해주세요"라고 역으로 소개팅을 요청하거나 "내후년에는 꼭 결혼할게요"라며 유예 기간을 연장해 말문을 막아봅니다. 또는 "전 결혼 생각 없어요!"라고 명확하게 선 긋기를 하거나, "지금 만나는 사람 있어요"라는 말로 빠져 나갈 길을 찾기도 합니다.

그런데 싱글들이 명절에 가장 많이 택하는 방법 중 하나가 '방에서 두문불출'이었습니다.[15] 명절에 가끔 친척을 만나니 가뜩이나 분위기도 어색한데, 거기다 결혼에 관한 잔소리에 일일이 대응까지 하려니 피곤하기 때문입니다.

38세 수지 씨는 말합니다.

"'결혼은 언제 할 거냐?' 재촉하는 친척들 틈에서 관계가 엮여 있으니 무례하게 말하기도 힘들고 처신하기도 어려워요. 가족과 친척들의 배려 없는 질문과 훈수를 받을 때마다 '나도 소중한 사람인데 도대체 왜 이런 대접을 받아야 하나' 하는 생각이 들어 친척들이 함께 모이는 결혼식, 명절은 바쁘다는 핑계를 대고 참여하지 않은 지 오래입니다."

저는 30대 중반이던 어느 설 명절에 싱글 친구 세 명과 중국으로 여행을 가기로 했습니다. 다들 직장을 다니거나 자기 일을 하는 사람들이니 휴가를 내기 쉽지 않고, 명절에 집에 있기도 부담스럽고 친척들을 대면하는 것도 불편하니 함께 여행을 가기로 한 것입니다. 그런데 주변 친구들에게 이 소식이 전해지니 너도 나도 가고 싶다고 해서 동행이 늘어났습니다. 그래서 결국 싱글 여덟 명이 함께 여행을 다녀왔습니다. 여덟 명이나 동참하리라고 생각하지 않았기에 다들 놀랐습니다.

우리는 함께 여행하면서 속내를 편하게 드러내고 서로 지지하며 격려하는 재미있는 시간을 가졌고, 여행 이후에도 지속적으로 모임을 가졌습니다. 명절이 되면 명절 전후로 시간을 맞춰 같이 식사도 하고, 가까운 곳에 바람도 쐬러 가고 영화도 보며 서로 의지하였습니다.

친척들이 싱글인 가족을 진정으로 만나 함께 시간을 보내고 싶다면 결혼에 대한 압력이나 잔소리는 버려야 하지 않을까요? 그런데 싱글들은 이렇게 '결혼에 관한 잔소리와 푸대접'에도 불구하고 가족과 친척과 다른 사람을 돕는 일에 지대한 역할을 하고 있습니다. 벨라 드파울로의 말을 잠시 들어보겠습니다.

"사람들을 결속시키는 유대감을 만들고 유지하는 사람들은 결혼한 사람들이 아니라 싱글들이라는 사실이 드러났다. 아울러 싱글들은 기혼자들보다 성인인 형제자매들과 관계를 지속하기 위해 더 많은 일을 하고, 이웃이나 친구들과 교제하고 도움을 주거나 격려하는 데 더 많은 시간을 보낸다. 싱글들은 기혼자들보다 친척들과 함께 살 확률이 높고, 도움이 필요한 사람이나 나이든 친척들을 더 많이 보살핀다."[16]

실제로 제 주변의 싱글 친구들을 보면 연로한 부모님과 살며 부모님을 돌보는 일을 합니다. 부모님이 아프실 때 간호하고, 결혼한 형제자매의 자녀를 돌보거나 재정을 지원하는 일, 아픈 가족이나 친척이 있을 때 돕는 일을 감당하는 친구가 많습니다. 그들은 싱글이기에 부모, 형제, 자매 등 가족과 친척들을 헌신적으로 섬길 수 있습니다. 그러므로 싱글들은 가족과 공동체를 견고히 세우고 섬기는 데 돕는 사람들인 것을 인정하고, 이들을 귀하게 여기며 존중해주기 바랍니다.

16 벨라 드파울로,《우리가 살아 가는 방법》, RHK, 2016.

싱글의 삶을 존중하고 배려하는 의식이 교회 전체
성도들에게 자리 잡는다면, 싱글들이 교회 공동체로 돌아오고
좀 더 적극적으로 교회 공동체에 참여하며,
교회 안에서 하나님의 사랑을 체험하게 될 것입니다.

5

싱글이니까 교회에서
더 행복하기를

16
장

싱글 친화적

교회 공동체를 꿈꾼다

'정상 가족 이데올로기'는 부부와 자녀로 구성된 가족이 아닌 다른 가족을
폄하합니다. 다양한 부류의 가족과 싱글은 교회에서 하나님 사랑과 이웃 사랑을
경험하기보다 오히려 소외감을 느끼게 됩니다.

교회에서 평신도 사역자로 일하는 47세 지나 씨는 말합니다.

"교회 분들은 교회 공동체에서 싱글과 함께 사는 것에 대해 배워야 합니다. 싱글을 불쌍히 여기고 걱정하는 것이 배려하는 것이라고 생각하는 분이 많은데, 이것은 결혼한 분들 입장에서 싱글을 보는 관점이지, 싱글 입장에서 배려해주시는 것이 아니에요."

싱글들을 대할 때도 예의가 필요합니다. 아주 기본적인 것만 몇 가지 소개합니다.

첫째, 누군가를 소개해주기 위해 결혼 의사를 묻는 것이 아니라면, 싱글의 사생활에 대해 묻지 않는다.

둘째, 결혼 상대자로 아무나 엮어주려 하지 않는다.

셋째, 교회에서만이라도 결혼 문제에 대해 절대 스트레스를 주지 않는다.

넷째, 불쌍한 시선으로 싱글을 바라보거나 도움이 되지 않는 인생 훈수를 하지 않는다.

하지만 이런 예의를 지키지 않는 일은 사회에서나 교회에서나 비일비재하게 일어납니다. 교회 공동체는 성도들이 교제하며 친밀하게 지내는 공동체이기에 싱글들의 사생활을 언급하면 더 힘들게 느껴집니다. 하나님의 사랑을 전하는 교회 공동체에서 싱글과 함께 사는 예의가 더 잘 지켜져야 하지 않을까요? 결혼한 사람 입장에서 나름 싱글을 배려한다고 생각하고 하는 말을 들어보면, 때로는 싱글 입장에서 전혀 원치 않는 내용일 경우가 있습니다.

지나 씨는 싱글의 입장이나 생각을 배려하지 않는 교회에 대해 이렇게 말합니다.

"교회에서 교회 근처 공동체 가족들을 위한 건물을 짓는데 네 자녀를 둔 가정과 두 자녀를 둔 가정이 입주하기로 했어요. 저에게도 거기 들어와서 살라고 하더군요. 그 분들은 저를 생각해서 그렇게 말씀하셨겠지만, 저는 그런 방식으로 함께 사는 것을 원하지 않거든요. 저도 일이 끝나면 조용히 쉴 공간이 필요하고, 제가 함께 챙기며 살아야 할 싱글 친구도 많습니다. 사람들은 싱글과 함께 사는 법을 잘 모르는 것 같습니다. '우리 사는 곳에 네가 들어와 살면 되잖아' 하고 쉽게 말합니다. 물론 함께 어울려 살아야 하지만, 가만 보면 '우리 사는 데 들어와 살아라, 함께 살아줄게' 하는 식일 때가 많아요. 그래서 제가 싫다고 하니 이해를 못 하더라고요. 제 의사도 물어봐야 하잖아요. 그런데 저와 아무런 협의 과정 없이 무작정 들어와서 살라고 하는 것은 말이 되지 않습니다. 결혼하신 분들도 싱글과 함께 사는 삶에 대한 큰 그림이 필요해 보입니다."

지나 씨가 경험한 것처럼, 당사자가 무엇을 원하는지 물어보고 그의 입장과 생각을 존중해주는 것이 중요한데, 그것을 무시하는 경우가 적지 않습니다.

교회의
정상 가족 이데올로기

30대 중반 나이로 6개월 전쯤 남편과 사별한 여성을 만난 일이 있었습니다. 많이 힘들지만, 남겨진 두 자녀와 함께 꿋꿋하게 살아가고 있습니다. 사람들이 자신을 걱정한다고 하는 말이지만, "한창 나이에 어떻게 사느냐? 아이들은 어떻게 키우냐?" 등등 자신을 불쌍히 여기며 인생 훈수를 두려고 해서 마음이 상한다고 말합니다. 물론 마음이 많이 아프고 힘들지만, 약한 모습은 보이고 싶지 않아 사람들에게 밝은 모습을 보이려 합니다. 그러면 어떤 사람은 "사별한 지 얼마 안 되었는데 괜찮나 보네"라고 수군댑니다. 더 심한 경우는, 그녀의 부모에게 "딸이 아직 한창인데 결혼시켜야 하는 것 아니냐?"라고 강권하다시피 말한 것입니다. 말도 안 되는 무례입니다. 그 부모님도 상처를 많이 받으셨습니다.

도대체 사람들은 어떻게 모든 삶을 결혼이라는 렌즈만을 통해 보고, 결혼 상태가 아니면 결혼해야 되고, 결혼이 해지되면 다시 그 결혼 상태를 복귀시켜야 한다고 생각할까요?

정말 싱글을 배려한다면, 본인에게 정중하게 물어보고 그가 정말 필요로 하는 것을 해주세요. 결혼 상태에 있지 않은 사람을 결혼 제도에 무조건 편입시키려 하기보다, 그들의 삶을 있는 그대로 존중해주는 자세가 우선 필요하지 않을까요?

교회에서 특히 '정상 가족 이데올로기'[17] 중심의 가치관과 설교가 바뀌어야 합니다. 사회 변화에 따라 교회 구성원의 삶도 점점 다양해지고 있습니다. 결혼하지 않은 사람, 결혼한 사람, 이혼한 사람, 사별한 사람, 한 부모 가정 등, 교회 공동체에는 다양한 삶을 사는 사람들이 함께 속해 있습니다.

교회에서 성도들의 상황을 파악하고 기도하기 위해 1년에 한 차례식 가정 심방을 합니다. 얼마 전까지만 해도 기존 성도들은 목사님의 기도와 축복을 받기 위해 심방을 잘 받았습니다. 그러나 요즘엔 삶의 방식이 많이 바뀌고 가족 형태도 다양해지면서 심방 패턴도 많이 바뀌었습니다. 자기 집과 가정 일을 공개하는 것에 부담을 가진 분들이 많아졌기 때문입니다. 집이 아닌 근처 식당이나 교회에서 만나기 원하는 사람도 있습니다. 목사님이 집으로 오게 되면 개인 사정이 공개되니 부담으로 여기는 것입니다.

---

17 '정상 가족 이데올로기'는 '아빠, 엄마, 자녀로 이루어져있는 전형적인 핵가족 형태의 가족을 말한다. 사회는 이것을 이상적인 가족의 모습으로 규정하고, 이런 가족의 모습에서 조금 다른 형태의 가족은 비정상으로 본다는 메시지를 함의하고 있다. 가령 기러기 아빠, 무자녀 가족, 입양가족, 동거가족, 조손가족, 동성결혼 가족을 비정상적으로 보는 것이다 (위키백과).

교회에서 새가족 등록을 받을 때 간단한 신상 정보를 적게 하는데, 요즘에는 본인이 밝히지 않으면 가족이나 자녀에 대해 굳이 묻지 않습니다. 다양한 이유로 혼자 살거나 자녀가 없는 사람이 많아졌기 때문입니다. 개인사에 대해 너무 자세히 물으면 처음 교회에 오신 분에게 본의 아니게 상처를 입힐 수 있습니다. 교회학교에도 한 부모 가정의 아이가 많기 때문에 교사는 부모님에 대해 자세히 캐묻지 말아야 합니다. 교회 다니다가 이혼한 분은 이를 알리고 싶지 않아서 교회 요람에 부부 사진을 그대로 두는 경우도 있습니다.

어떤 분은 교인들의 가족 구성원을 파악하기 위해 교회 요람에 직계가족을 함께 넣자고 제안하였습니다. 그 분은 자신의 가족 모두가 교회 다니며 신앙생활을 하니 그 방식을 원하는 것입니다. 하지만, 일반적으로 성도가 원치 않으면, 교회에서 가족관계를 공개하지는 않습니다. 성도들 개인 가족사와 관계가 다 드러나기 때문입니다. 개인 가족사와 관계가 공개적으로 다 드러나면, '정상 가족'이 아닌 사람들은 소외감을 느끼고 상처를 받습니다.

그런데 어떤 목사님은 부부와 자녀 같은 직계가족, 소위 말하는 정상 가족 중심의 가치관과 삶을 하나님이 기뻐하시며, 결혼과 가정을 통해서만 하나님의 사랑과 친밀감을 경험할 수 있다고 말합니다. 하지만 결혼과 혈연으로 맺어진 가족을 통해서만 하나님의 사랑과 친밀감을 발견할 수 있는 것은 아닙니다. 그리스도 안에서 만난 형제자매와 교회 공동체 등 하나님의 사랑과 친밀감을 경험할 수 있는 통로는 다양합니다.

'정상 가족 이데올로기'는 부부와 자녀로 구성된 가족이 아닌 다른 가족을 폄하합니다. 정상 가족 이데올로기를 유일한 모델로 삼고, 이를 위해 매진해야 한다는 이야기를 듣는 다양한 부류의 가족과 싱글은 교회에서 하나님 사랑과 이웃 사랑을 경험하기보다 오히려 소외감을 느끼게 됩니다. 그러면 공동체의 일원으로서 소속감을 갖기 어렵습니다. 39세 주희 씨의 이야기는 귀 기울여 들을 만합니다.

"교회 목사님들은 왜 결혼만 중요하다고 설교하나요? 교회에는 결혼을 엄청 중요시하고 싱글을 걸림돌로 보는 시각이 있어요. 마치 싱글을 결혼 제도의 근간을 뒤흔드는 사람으로 보는 것이죠. 특히 싱글 여성을 위험한 여자, 가정을 위협하는 존재, 비정상적이라고 봅니다. 뭔가 불완전한 사람, 걱정해줘야 되는 사람으로 취급하는 겁니다. 결혼하면 다 좋은 걸로 생각하는 흑백논리입니다. 그런데 결혼한 사람들이 다 행복한 것도 아니잖아요. 잘못된 결혼으로 고통 받는 사람도 얼마나 많은데, 그런 건 생각하지 않고 싱글만 문제 삼잖아요. 결혼해서 사는 것만 하나님이 기뻐하신다면, 그럼 싱글로 사는 나는 뭐냐고요? 거기다 얼마 전 어떤 집사님이 싱글인 제 앞에서, 자기 딸이 결혼을 안 해서 하나님께 죄송하다고 그러시는 거예요. 당신 딸이 결혼 안 한 것이 왜 하나님께 죄송한 이유가 되죠?"

교회 공동체에 팽배한 정상 가족 이데올로기와 싱글에 대한 편견을 단적으로 드러내는 이야기입니다. 성서에 대한 편협한 시각과, 여성과 싱글에 대한 차별이 가부장적 사고와 맞물리면서, 싱글로 사는 사람들에 대한 왜곡된 시각, 이른바 싱글 포비아(싱글에 대한 혐오)까지 만들어내고 있습니다. 이에 대해 싱글은 불편한 심기를 드러내게 됩니다.

47세 지나 씨는 이렇게 말합니다.

"제가 다니는 교회에서도 싱글을 배려한다고 말은 하지만, '혼자 사는 것이 좋지 않다'는 창세기 성경 구절이나 가정의 중요성을 언급할 때마다 소외감을 느껴요. 게다가 대부분의 교회에서 싱글이 소수이니, 제 입장에서 보면 교회의 배려가 아쉽죠."

싱글과 결혼한 사람을
함께 존중해야

한 권사님은 이런 일을 겪었다고 말합니다. 20여 년 전, 함께 신앙생활을 하던 남편이 암투병 끝에 돌아가셨습니다. 장례를 치르고 교회에 갔더니 누군가 "남편도 없는데 어떻게 이 교회에 다니느냐?"고 말하더랍니다. 충격을 받았습니다. 지금도 그

때 생각을 하면 화가 난다고 합니다. 제가 아는 50대 여자 집사님은 남편이 갑자기 심장마비로 돌아가셨습니다. 얼마 뒤 교회에서 어떤 분이 "결혼해야지?"라고 하더랍니다. 저는 그런 이야기를 들을 때 정말 어이없다는 생각이 듭니다. 배우자를 잃은 지 얼마 되지도 않은 사람에게, 도대체 어떻게 결혼 이야기를 들이댈 수 있습니까? 도대체 그 사고구조는 어떻게 생긴 걸까요? '정상 가족'에 대한 강박관념과 내면화가 깊이 뿌리박혀 있는 것입니다. 결혼 말고는 다른 삶의 방식에 대해 생각을 못하는 것이지요.

싱글은 이처럼 교회에서 결혼과 가족 중심의 메시지나 싱글을 차별하는 이야기를 접하면서 소외감을 느끼고, 점점 교회 주변부로 밀려나서 침묵하다가, 어느 순간 조용히 교회를 떠나기도 합니다.

목회자와 교회 리더들은 교회 구성원들의 삶을 잘 살펴야 합니다. 싱글 성인들과 결혼한 사람들이 교회 공동체 구성원으로 함께 존중되어야 합니다. 싱글을 교회 공동체에 참여시키는 방향으로 교회 공동체의 조직을 재구성하고, 다양한 부류의 싱글들을 배려한 목회적 돌봄이 이루어져야 합니다. 이를 위해서 싱글 성인들을 '결혼 대기자'로 보는 시각을 버리고, 싱글 성인의 현재 삶을 있는 그대로 존중하고, 이들이 현재 자신의 삶을 긍정하고 현재와 미래의 삶을 이끌어나갈 수 있도록 목회자들부터 사고가 바뀌어야 합니다.

목회자가 말씀을 전할 때나 성도들을 교육할 때, 먼저 다양한 사람들의 삶의 방식과 싱글 성인의 삶에 대해 이해하고, 존중하고 배려해야 합니다. 이런 교육은 싱글뿐만 아니라 교회 모든 성도를 대상으로 해야 합니다. 싱글이 차별당할 때 싱글 자신이 가장 큰 고통을 겪지만, 그들의 부모나 가족도 스트레스를 받고 힘들어하는 경우가 많습니다. 우리 각자의 삶은 다른 사람들의 삶과 다 연결되어 있기에, 싱글의 어려움은 단순히 싱글만의 어려움이 아니라 결국 공동체 전체의 문제가 됩니다. 남의 문제로만 볼 수 없습니다.

싱글의 삶을 존중하고 배려하는 의식이 교회 전체 성도들에게 자리 잡는다면, 싱글들이 교회 공동체로 돌아오고 좀 더 적극적으로 교회 공동체에 참여하며, 교회 안에서 하나님의 사랑을 체험하게 될 것입니다.

싱글 성인들과 결혼한 사람들이 교회 공동체 구성원으로 함께 존중되어야
합니다. 싱글들을 공동체에 참여시키는 방향으로 교회 공동체의 조직을
재구성하고 다양한 부류의 싱글들을 배려한 목회적 돌봄이 필요합니다.

교회 조직과 목회 프로그램에
변화가 필요하다

하나님의 사랑을 전하는 교회 공동체가 다양한 삶을 사는 성도들과 함께 하기 위해서는 전향적인 변화가 필요합니다. 교회 공동체의 조직 구조는 대부분 '부부와 자녀로 구성된 가족' 위주로 편성되어 있습니다.

젊은 싱글들은 18세에 고등학교를 졸업한 이후 대학부나 청년부에 들어갑니다. 그 후에는 30세 전후에 결혼하고 장년부로 편입됩니다. 이 구조에서 싱글들이 보통 20대 후반에서 30대 초반까지는 청년부에 나갑니다. 그러다 30대 중반 가까이 되면 청년부에 가는 것이 부담스러워집니다. 함께 신앙생활하던 친구들이 결혼하면서 청년부를 빠져나가니 교제할 친구가 없어지고, 나이 들어 청년부에 남아 있는 것이 부담스럽습니다. 그렇다고 기혼 가정 중심으로 구성된 교구 공동체에 들어가자니 그것도 마음이 편하지는 않습니다. 그러다 보니 교회 활동에 열심이던 청년들도 나이가 들면서 예배가 끝나기 무섭게 집으로 향하게 됩니다. 함께 마음을 나눌 공동체를 찾지 못해 성도간의 활동 영역이 줄어들면서 교회 생활에 소극적이 되거나 교회를 떠나기도 합니다.

현실은 30-40대 싱글이 늘어나는 추세인데도, 대부분 교회에서는 이들을 위한 마땅한 대책을 내놓지 못하고, 어서 빨리 좋은 짝을 찾아 결혼하라는 말만 되풀이합니다. 결혼하지 않고 신앙생활을 하는 30-40대 싱글들은 교회가 점점 불편한 곳이 됩니다. 싱글들의 상황이나 환경에 대한 이해나 배려 없이, 결혼만이 그들의 유일한 선택지인 것처럼 말할 때 싱글들은 자괴감을 느낄 수밖에 없습니다.

34세 은희 씨는 가부장적 교회 시스템과 문화가 편만한 교회가 불편하고, 특히 싱글의 입장에서 교회가 더 힘겹게 느껴진다고 말합니다.

"전통적 교회는 그 시스템과 문화가 달라져야 할 부분이 많다고 생각합니다. 소위 평범하다고 하는 인생 주기와 일상을 영위하지 못하는 '다른' 사람들을 배제한 곳이 한국의 전통적 교회 시스템과 문화라고 생각해요."

교회 프로그램을 살펴보면 결혼예비학교, 임산부학교, 부부학교, 어머니학교, 아버지학교, 아기학교 등이 주를 이룹니다. 반면 싱글을 위한 프로그램은 거의 찾아볼 수 없어 싱글은 목회 돌봄의 사각지대에 놓여 있습니다. 한 싱글 친구는 이런 불평을 토로하기도 하였습니다.

"교회에서 싱글에게 일은 열심히 하라고 시키면서, 목양은 안 해주더라고요."

대부분의 교회 프로그램이나 활동이 결혼과 '정상 가족' 위주로 구성되거나 편성되다 보니, 생애 독신과 만혼, 이혼한 사람들이 소속감을 가질 수 있는 공동체를 찾기 힘든 형편입니다. 또한 싱글들이 마음을 열고 참여하거나 도움을 받을 수 있는 목회적 돌봄이나 프로그램을 기대하기 어렵습니다.

싱글이 존재감을 드러내고
활동할 공간이 필요하다

싱글 성인들과 결혼한 사람들이 교회 공동체 구성원으로 함께 존중되어야 합니다. 싱글들을 공동체에 참여시키는 방향으로 교회 공동체의 조직을 재구성하고 다양한 부류의 싱글들을 배려한 목회적 돌봄이 필요합니다.

싱글이 점점 많아지는 현상에 발맞추어 30대 청년을 위한 제2청년부를 신설하거나, 30-40대 싱글을 위한 싱글 모임을 만드는 교회가 있기도 합니다. 그나마 싱글들이 자신의 존재감을 편안히 드러내고 활동할 수 있는 공간을 만들어주는 것입니다. 한 친구는 교회에 30-40대 싱글 모임이 만들어지자마자 등록했다고 합니다. 결혼한 사람들 신경 안 쓰고, 싱글들의 관심사에 대해 편안히 나눌 수 있어서 좋았다고 말합니다. 싱글들에게는 이렇게 주변 사람에게 신경 안 쓰고 자신의 삶과 관심사에 대해 편안히 이야기할 수 있는 모임이 필요합니다.

그런데 이런 싱글 모임에도 아쉬운 점은 있습니다. 30-40대 싱글 모임에서도 여전히 결혼이 주요 과제(?)로 등장하면서, 싱글로 사는 사람들의 존재 자체를 존중해주지 못하고 결혼을 위한 대기 상태, 혹은 싱글을 탈피해야 할 상태로 간주하는 이야기가 계속되는 것입니다. 그래서 결국 싱글 모임에서도 싱글들은 자신의 모습이 있는 그대로 존중되지 않기에 자존감을 갖고 살아가기가 힘들어집니다.

30-40대 싱글 모임이라면 결혼 이야기뿐 아니라, 현재 자신의 삶의 방식인 싱글 라이프를 긍정하고 소중히 여기며, 싱글로 지내는 기간을 어떻게 잘 보낼지에 대해서도 함께 이야기하면 좋지 않을까요? 그래야 싱글들이 자신의 삶을 소중히 여기며 자존감을 갖고 신앙생활을 할 수 있을 것입니다.

교회 내에서 마음이 맞는 몇몇 싱글들이 모여 말씀을 나누고 함께 시간을 보낼 수 있는 소그룹 공동체를 만들어주고, 싱글들을 배려하는 의식 있는 교역자의 돌봄을 받을 수 있게 해주면 어떨까요? 이런 작은 모임이 꾸준히 이어져 잘 정착되면, 교구에 싱글들을 위한 구역(소그룹)을 편성해주는 것도 괜찮은 방법입니다.

'스스로 꽃필 수 있는 삶'
세미나

저는 2009년에 '스스로 꽃필 수 있는 삶'이란 제목으로 싱글 여성들을 위한 5주간 세미나를 처음 진행하였습니다. 30명이 넘는 여성들이 세미나에 등록하였습니다. 참석자들은 세미나에 등록한 다른 참석자들을 보면서 '세상에! 싱글 여성들이 이렇게 많았구나'라고 생각했다고 합니다.

첫째 주에는 '홀로, 함께 나를 찾아가는 이야기'라는 제목으로 싱글로서 자기 존중과 소중함을 확인하는 시간을 가졌습니다. 참석자 각자 자기소개와 싱글에 대한 이해를 위한 강의가 진행되었습니다.

둘째 주에는 '결혼과 상관없이 인생 설계를 하라'는 주제로, 결혼을 중심으로 분절된 삶의 계획을 세우지 말고 인생 전체의 계획을 세우고 점검하기 위한 시간을 가졌습니다.

셋째 주에는 싱글로 살아가는 데 필수적인 재정 관리에 대해 이야기했고, 넷째 주에는 역시 싱글들의 주요 관심사인 건강에 대해 전문가들을 모시고 강의를 듣고 질의 응답하는 시간을 가졌습니다.

마지막 다섯째 주에는 세미나에 참여한 싱글 여성들이 함께 모여 5주간 함께 공부한 내용과 소감을 나누고 파티를 열었습니다. '나 혼자만 싱글이구나'라는 고립된 생각에서 벗어나, 자신의 싱글 상태에 대한 위축감을 버리고 다른 싱글 친구들과 대화하면서 동질감도 느끼고, 평소에 사람들 앞에서 잘 내보이지 못한 싱글로서 느끼는 속내도 드러내며 서로 격려하면서, 크게 호평을 받으며 잘 마무리하였습니다.

지역교회에서 싱글 공동체 모임을 활성화하고 네트워크를 만들기 위해, 제가 했던 일과 같이 싱글들을 위한 수련회나 세미나를 시도해보는 것도 좋습니다. 이런 모임은 교회에서 적극적으로 주도하고 격려해주는 것이 중요합니다. 교회가 싱글들을 배려하는 의식을 가지고, 싱글들을 위한 모임을 적극적으로 지원해주며, 이들이 편안하게 신앙생활을 할 수 있도록 도와야 합니다.

　아울러 싱글 세미나는 싱글들만 위한 것이 아니며, 언젠가 나의 삶이 될 싱글 라이프에 대해 준비하는 것이기에, 교회 성도 전체가 함께 교육을 받는 것이 좋습니다. 모든 교회 성도가 싱글 라이프를 이해할 때, 공동체에 함께 속한 다양한 싱글들, 그리고 그 싱글의 가족들, 그리고 언젠가는 나의 삶이 될 싱글 라이프에 대해 편견 없이 대하고 생각하며 준비할 수 있기 때문입니다.

　이제 한국교회도 싱글에 대한 편견과 왜곡된 시각을 버리고, 하나님을 섬기고 이웃을 섬기기 위해 결혼과 싱글이라는 다른 삶의 방식을 서로 인정하고 존중해야 합니다. 교회에서 결혼한 사람과 싱글이 함께 할 때의 유익과 어려움이 공존하는 것도 받아들여야 합니다. 교회는 무엇보다 다양한 이유로 싱글로 사는 사람들을 존중하고, 그들이 삶의 자리에서 하나님과 이웃을 잘 섬길 수 있도록 의식을 변화시키는 일을 해야 합니다.

한 교회에서 2017년 5월 가정의 달을 맞이하여 "모든 가정은 아름답다"라는 주제로 다양한 강사를 초청하여 세미나를 진행하였습니다. 그때 저는 강사로 초빙받아 싱글에 관한 이야기를 하였습니다. 그 교회에서 진행하는 가정의 달 프로그램이 인상적이었습니다. 청소년에 대한 이해, 자녀 독립 프로젝트, 중년과 노년들을 위한 새로운 인생에 대한 강좌, 이혼 가정 등 다양한 가정에 대한 위로와 소망, 회복의 이야기, 싱글들의 이야기 등이었습니다. 성도들이 다양한 삶의 방식에 대해 이해하고 도전받으며, 다른 삶의 준비에 대해 생각해볼 수 있도록 개설한 세미나였습니다. 기존 교회들이 가정의 달을 맞이하여 준비하는 가족 중심의 강좌와 차이가 있었습니다. 이런 교육의 기회를 통해 성도들은 자신의 삶을 돌아보고, 다른 사람의 삶을 이해하고 존중하는 교회 분위기를 조성할 수 있습니다.

저는 그 후로도 2009-2010년 미국 시카고 코스타(유학생 수련회)에서도 싱글을 위한 강좌를 여는 등 꾸준히 싱글을 주제로 강의하거나 세미나를 기획하여 개최하였고, 교회나 각종 단체의 강의 요청에 응해왔습니다. 그래도 여전히 아쉬운 것은, 싱글 이해에 대한 강좌나 싱글 세미나가 보통 일회로 끝나는 것입니다. 성도들과 싱글들의 의식 변화와 삶의 적용을 바란다면 한 번의 강의나 세미나로 끝날 일이 아닙니다. 후속 프로그램으로 공동체나 소그룹에서 싱글 라이프에 대한 책읽기나 싱글들을 중심으로 진행되는 성경공부를 지속적으로 하는 것이 필요합니다. 그렇게 할 때, 싱글인 자신의 삶에 대해 좀 더 객관적으로 이해하고, 자신의 삶을 긍정하며 힘 있게 살 수 있습니다.

싱글들이 함께 하면 좋은 성경공부는 성서 인물 공부를 비롯, 시편, 잠언, 전도서 등을 읽으며 함께 삶을 나누는 것입니다. 성경을 같이 보면 공통분모를 갖게 되고, 자신의 삶을 반추해보며 말씀으로부터 힘을 얻고 삶의 중심을 잡을 수 있기 때문입니다. 이런 후속 프로그램들이 연이어 잘 진행되려면 싱글 친화적인 의식을 가진 교회 목회자들과 평신도 리더들이 준비되어야 합니다. 그렇지 않으면, 교회에서 아무리 싱글들을 모아 북 세미나(book seminar)나 성경공부를 할지라도, 이전의 관점과 사고방식에서 이해하는 것이기 때문에 변화되기 어렵습니다.

싱글들을 공동체에 참여시키는 방향으로 교회 공동체의 조직을 재구성하고, 다양한 부류의 싱글들을 배려하는 목회적 돌봄을 기대합니다. 싱글 성인들과 결혼한 사람들이 교회 공동체 구성원으로 함께 존중되어야 합니다. 아울러 싱글들이 함께 하는 모임이 '중매 모임'으로 흐르기보다 신앙공동체 안에서 결혼 스트레스와 싱글 스트레스로부터 자유해지며, 먼저 자신을 사랑하고 하나님의 형상으로서의 자신을 발견하는 통로가 되기를 기대합니다. 그리하여 모든 지체들이 그리스도 안에서 한 몸으로 서로 격려하며, 믿음에 뿌리를 내리는 선한 공동체가 되기를 바랍니다.

18장

싱글 리더를

격려하고 양성하라

사람들의 삶의 변화에 세심하게 대응하는 외국 교회들을 살펴보면, 결혼한 그룹과 싱글 그룹을 함께 교회 공동체 조직의 전면에 배치하는 것을 볼 수 있습니다. 싱글 입장에서 이해하고 지식을 갖춘 사역자를 또한 세웁니다.

예수님과 바울이 현대 교회에서
리더가 될 수 있을까?

예수님은 천국을 위해, 복음 선포와 사람들의 필요를 위해 싱글로 사는 삶을 지지하셨으며(마 19:12), 예수님을 따르는 것이 가족으로서 결속 관계나 결혼보다 우선한다고 강조하셨습니다(눅 14:26). 예수님, 세례 요한, 바울, 마리아와 마르다, 빌립의 네 딸, 막달라 마리아 등 신약에 나오는 예수님을 따르는 자들도 싱글이었습니다. 그러나 그들은 싱글이라는 이유로 교회 리더십에서 배제되지 않았습니다. 그들은 오히려 싱글이었기에 전적으로 하나님께 헌신할 수 있었습니다. 일부 한국교회에서 싱글로 사는 사람들의 삶을 폄하하고 그들을 교회 리더로 세우기를 꺼려하는 분위기와 사뭇 달랐습니다.

이런 분위기라면 한국 교회에서 예수님과 바울도 리더가 되기 어려울지 모릅니다. 아마도 싱글인 예수님이 지금 우리 시대에 오신다면 교회 소그룹 리더나 목사로 섬기기 어려웠을지도 모릅니다. 예수님이 결혼하지 않았기 때문에 지도자가 되기에는 부족하다고 말할 사람이 있을 것이기 때문입니다. 사람들은 예수님도 싱글이어서 성도를 섬기는 데 적당하지 않다고 말할까요?

교회는 특히 열심히 교회를 섬기는 싱글 여성 리더들의 가치를 인정해주어야 합니다. 그들이 싱글이기 때문에 교회에 좀 더 시간을 투자하고 헌신할 수 있음에 감사하고, 이들을 격려해야 합니다.

사람들의 삶의 변화에
세심하게 대응하는 교회

싱글 사역자의 장점과 유익이 있고, 결혼한 사역자의 장점과 유익이 있습니다. 다만 사역자를 결혼 유무로만 판단하는 잣대는 하나님의 생각이 아니라 결혼 중심적 사고와 편견에서 비롯된 것입니다.

"너희는 이 세대를 본받지 말고 오직 마음을 새롭게 함으로 변화를 받아 하나님의 선하시고 기뻐하시고 온전하신 뜻이 무엇인지 분별하도록 하라"(롬 12:2).

우리의 마음이 새롭게 되어 기존의 전형적인 사람들의 사고방식을 마치 하나님이 말씀하신 것처럼 여기고 답습하는 것이 아니라, 우리 눈이 활짝 열려 하나님의 마음과 뜻을 분별하고, 하나님의 아들인 예수님을 바라보며 우리의 잘못된 통념과 편견을 버렸으면 좋겠습니다.

제가 아는 어떤 교회 싱글 리더는 말합니다.

"교회에서 싱글 공동체를 만들었지만, 별로 큰 비중을 두지는 않아요. 그래서 정말 좋은 사역자는 싱글 공동체에 보내지 않아요. 싱글 부서는 사역자에게 그냥 지나가는 부서라고 생각하지요."

이런 방식의 교회 싱글 사역과 사역자에 대한 인식은 싱글 공동체에 그대로 영향을 주게 됩니다. 이런 환경에서 싱글들은 제대로 돌봄받지 못하고 양육될 수 없습니다.

결혼한 사람이 보여줄 수 있는 사랑의 모델이 있습니다. 하나님의 배타적인 사랑입니다. 반면 싱글은 가족이란 한계로 울타리를 치지 않고 가족을 넘어서는 한계 없는 사랑을 모델로 보여줄 수 있습니다. 이에 대해 스텐리 그렌츠는 말합니다.

"결혼은 계약을 통한 배타적인 사랑과 충성을 기초로 친밀한 교제의 공동체를 세우겠다는 신적인 의지를 표현한다. 이와 대조적으로 싱글 생활은 공동체라는 관계성을 통하여 모든 인류를 아우르기 원하시는 신적인 사랑에 내포된 두루 퍼져나가는 성질을 대표한다."[18]

사람들의 삶의 변화에 세심하게 대응하는 외국 교회들을 살펴보면, 결혼한 그룹과 싱글 그룹을 함께 교회 공동체 조직의 전면에 배치하고 지원하는 것을 볼 수 있습니다. 아울러 싱글 입장에서 이들을 이해하고 이론적·신학적 지식을 갖춘 사역자를 세웁니다.

---

18 Stanley James Grenz, Sexual Ethics, Waco, Tex : Word, 1990.

싱글과 싱글 라이프에 대해
공부하라

교회가 싱글에 관심을 갖고 의식을 변화하려면, 교회 전체 성도를 대상으로 싱글과 싱글 라이프에 대한 세미나를 열거나 관심 있는 사람들이 관련 책들을 읽고 공부하며 함께 나누면 큰 도움이 됩니다. 싱글에 대한 책들을 함께 읽고 이야기를 하다 보면 싱글에 대한 막연한 두려움이나 왜곡된 관념들로부터 자유로워질 수 있습니다. 결혼한 사람들은 싱글의 삶을 더 깊이 이해할 수 있고, 자신들도 언젠가는 싱글로 살게 될 것을 깨닫고 싱글에 대한 편견을 조금이나마 내려놓을 수 있습니다. 아울러 싱글들은 각자의 입장에서 느끼는 감정이나 생각을 서로 나누며 자신이 혼자가 아님을 알고, 각자 삶의 자리에서 어떻게 살아야 할지 안내받을 수 있습니다.

요즘에는 싱글 라이프에 대한 책들이 쏟아져 나오고 있습니다. 주로 싱글로서 잘 먹고 잘 살기 위한 팁을 준다는 실용서가 많습니다. 그런 책들도 물론 도움이 되지만, 싱글을 좀 더 깊이 있게 이해하기 위해서는 싱글과 싱글 라이프에 대해 사회학적 · 여성학적 통찰을 다룬 책들을 함께 읽고 토론해보기를 추천합니다.

제게 가장 큰 도움을 준 책은 캐롤 M. 앤더슨과 수잔 스튜어트가 지은 《단독비행》(또하나의문화)입니다. 우리나라에서

1998년에 출간된 책이라 지금은 절판되긴 했지만, 싱글 여성들이 자신의 삶을 돌아보고 앞으로 어떻게 살아야 할지를 생각하게 해주며, 싱글 여성 입장의 통찰이 잘 드러나는 자료입니다. 이 책은 결혼을 마치 인생 목표처럼 여기도록 교육받고 자라난 여성들이 싱글로 살아가면서 홀로 서기를 배우는 과정에 대해, 주로 여성들과 인터뷰를 하는 형식으로 구성되어 있습니다.

벨라 드파울로가 쓴 《우리가 살아가는 방법》(RHK)은 19-91세까지 다양한 연령대의 남녀 인터뷰와 인터넷 설문조사를 통해 사람들이 살아가고 사랑하는 방법이 점점 탈핵가족화되고 다양하다는 것을 보여줍니다. 싱글들도 혼자 사는 것이 아니라, 가족, 친구, 친척 등 다양한 조합으로 함께 사는 사람들의 사례들을 이야기해주고 있습니다. 이 책을 보며 싱글들이 반드시 혼자 살거나 모든 것을 혼자 해결하려들기보다, 각기 다른 방식과 다양한 방법으로 사람들과 함께 살아갈 수도 있다는 가능성을 보게 됩니다.

캐나다 토론토대학 인류학과 교수인 송제숙이 쓴 《혼자 살아가기》(동녘)는 20대 후반에서 30대 후반 우리나라 싱글 여성들을 인터뷰하여 한국 싱글 여성의 삶을 보여줍니다. 송제숙 교수는 자신이 인터뷰한 여성들을 "교육받고 자본은 있지만 경제적 지위는 신자유주의 경제의 신빈곤층에 해당한다"고 언급합니다. 2-4년제 대학 졸업자들로서 학원 강사나 방과후

교사나 영업직 등으로 일하는, 주변에서 쉽고 평범하게 볼 수 있는 싱글 여성들의 주거와 독립, 그리고 좌절과 투쟁에 대해 문화인류학적으로 분석한 책입니다.

일본 여성학자 우에노 치즈코와 미나시타 기류가 함께 쓴 《비혼입니다만, 그게 어쨌다구요?》(동녘)는 "지금까지 남자는 여자 없이, 여자는 남자 없이 자립할 수 없는 사회적 구조 때문에 남녀가 결혼했고, 결혼하면 아이를 낳는다는 규범 때문에 부모가 된 것이다. 사회적 압력이 없어진다면 결혼과 출산을 스스로 선택할 사람이 과연 얼마나 될까?"라고 문제를 제기합니다. 두 사회학자가 자신의 경험과 데이터를 분석하며 싱글 시대를 살아가는 지침을 쓴 책입니다.

사회학자 에릭 클라이넨버그의 《고잉 솔로 싱글턴이 온다》(더퀘스트)는 연령과 계층이 다양한 남녀를 대상으로 300회가 넘는 심층 인터뷰를 통해 싱글들이 고립되어 사는 것이 아니라 지역사회와 공동체에 적극 참여하고 있다는 사실을 발견해 드러냅니다. 싱글에 대한 편견을 깨고 미래의 삶의 방향을 제시하며, 싱글에 대한 사회학적 통찰을 제공합니다. 저자는 싱글이 급속히 증가하면서 집(거주 공간)과 인간관계 및 공동체의 패러다임 전환이 필요하다고 언급하고, '혼자 살기'가 마음과 문화, 비즈니스, 정치에 어떤 영향을 미치는지, 이에 어떻게 대처해나갈지를 다룹니다. 싱글을 이해하는 시야를 넓혀주는 자료입니다.

벨라 드파울로가 쓴《싱글리즘》(슈냐)은 수십 년간 축적된 과학적 연구와 싱글들의 이야기에 기초하여, 싱글에 대한 통념을 비판하고 편견에 사로잡힌 사람들의 생각을 읽어냅니다. 아울러 비가시화된 싱글들의 힘과 능력을 드러내고 싱글에 대한 생각을 교정해줍니다.

한국인이 쓴 책으로는 사회학자 노명우 교수가 쓴《혼자 산다는 것에 대하여》(사월의책)를 추천합니다. 싱글 남성인 저자는 사회학자 입장에서 '혼자 살기'의 의미를, 혼자 살기의 즐거움과 고통을 이야기하고 있습니다. 싱글로 사는 사람들은 왜 혼자 살고 있고 어떤 고민을 하는지, 혼자 사는 사람과 함께 사는 사람들의 같은 점과 다른 점에 대해 다루고 있습니다.

우리나라 싱글 여성들인 김애순, 이진송 씨가 쓴 ≪하고 싶으면 하는 거지 비혼≫은 싱글 여성들의 삶과 경험을 담고 있습니다. 70대 후반 싱글 여성 김애순 선생님과 30대 초반 이진송 씨가 싱글로 사는 삶에 대해 대담 형식으로 유쾌하고 진솔한 삶의 이야기를 펼쳐나갑니다. 김애순 선생님이 자신이 싱글로 살게 된 계기와 싱글로서 삶의 경험을 풀어주고, 신세대 싱글 여성의 경험과 삶을 함께 접할 수 있어 싱글들에게 큰 공감을 불러일으키고 있습니다.

기독교 도서 가운데는 앨버트 쉬가 쓴《싱글? 하나님의 뜻》(서로사랑)이 그리스도인으로서 싱글로 살아가는 삶의 의미를 다룹니다. 캐롤린 맥컬리가 지은《오늘 허락된 선물》(IVP)은 그리스도인 싱글 여성의 삶과 영성에 대해 다룹니다.

싱글 공동체에서 직접, 혹은 독서토론(북 세미나) 모임을 만들어 싱글 관련 책들을 함께 읽고, 읽은 내용을 정리하고 소감과 생각을 나누면 좋습니다. 혼자 읽기보다 북 세미나를 하면 책 내용에 대한 다양한 의견과 생각을 들을 수 있기 때문에 생각의 지평도 넓혀지고 책 내용에 대한 이해도 깊어집니다.

사회적 약자를 배려하는 것이 진정한 경건입니다

"하나님 아버지 앞에서 정결하고 더러움이 없는 경건은 곧 고아와 과부를 그 환난 중에 돌보고 또 자기를 지켜 세속에 물들지 아니하는 그것이니라"(약 1:27).

"여호와께서 이와 같이 말씀하시되 너희가 정의와 공의를 행하여 탈취당한 자를 압박하는 자의 손에서 건지고 이방인과 고아와 과부를 압제하거나 학대하지 말며 이 곳에서 무죄한 피를 흘리지 말라"(렘 22:3).

보통 사람들은 경건이라 하면 몸과 마음을 정돈하여 하나님께 거룩한 태도로 나가는 것이라고 생각합니다. 그러나 하나님은 그렇게 말씀하지 않으셨습니다. 하나님은 고아와 과부를 환난 중에 돌보는 것이 정결하고 더러움이 없는 경건이라고 말씀하십니다.

사회적 약자인 고아와 과부를 잘 돌보라는 것은 단순히 먹을 것과 긴급한 필요를 채우라는 것만은 아닙니다. 이들이 처한 상황을 배려하고 고아와 과부를 인격적으로 존중해주며, 다른 사람들과 함께 섞여 공동체 안에서 잘 살 수 있도록 배려하는 것이 포함됩니다.

결혼 중심 사회에서 싱글은 사회적 약자가 되고, 교회의 목회적 돌봄에서도 소외됩니다. 위로받아야 할 교회에서조차 결혼에 대한 압력을 받으며 인격적으로도 존중받지 못할 때가 많습니다. 결혼 중심적 사고를 가진 사람들 중에는 각각의 싱글이 처한 상황이나 환경을 자세히 이해하지도 못하면서, 단지 자신은 결혼했다는 이유만으로 싱글을 무례히 대하는 사람이 있기도 합니다. 이런 사람들은 결혼을 마치 벼슬로 여기며, 결혼이 사람대접 받는 길이라 생각하기도 합니다.

싱글은 통계적 숫자로 보면 이제 이 사회와 교회에서 결코 소수는 아닙니다. 하지만 사회적 편견과 고정관념으로 보면 여전히 사회적 약자입니다. 그렇다면 앞에서 말한 것처럼, 기독교인으로서 진정한 경건을 추구한다면 사회적 약자인 싱글을 인격적으로 존중하고 배려하며 함께 공동체를 이루어야 할 것입니다.

싱글을 향한 하나님의 마음은 사랑이며 긍휼입니다. 결혼 여부와 관계없이 내 모습 그대로 나를 받으시고 기뻐하시는 것이 하나님의 마음입니다. 교회 안에서 싱글에 대한 왜곡된 생각이나 견해를 마치 하나님의 마음인 것처럼 전달하는 것은 지양해야 합니다. 교회 공동체에서 싱글을 사랑하는 하나님의 마음을 바르게 인식하고, 싱글을 사랑하고 함께 살아가는 분위기가 조성되기를 기대합니다.

온전한 삶은 결혼이 아닌 성령 충만으로 드러납니다

예수님은 세례를 받고 마귀의 유혹을 이기신 후 고향 나사렛으로 돌아가십니다. 그리고 한 회당에 들어가 선지자 이사야의 글을 펴서 읽으십니다.

"주의 성령이 내게 임하셨으니 이는 가난한 자에게 복음을 전하게 하시려고 내게 기름을 부으시고 나를 보내사 포로 된 자에게 자유를, 눈 먼 자에게 다시 보게 함을 전파하며 눌린 자를 자유롭게 하고 주의 은혜의 해를 전파하게 하려 하심이라 하였더라"(눅 4:18-19).

예수님은 자신이 세상에 오신 것은 가난한 자, 포로 된 자, 눈 먼 자, 눌린 자를 회복시키며, 하나님의 은혜를 전하기 위해서라고 선포하십니다. 예수님은 이 세상에 오셔서 사회적으로 차별받는 사람들, 비주류로 사는 사람들, 사회적 약자들, 병든 자들을 돌보셨습니다.

예수님은 결혼 중심 사회에서 사회적 비주류로 취급받는 싱글을 긍휼히 여기십니다. 예수님은 싱글이 사회적 편견이나 결혼 중심적 고정관념에 억압받고 주눅 들며 사는 것을 원치 않으십니다.

예수님도 싱글이셨습니다. 예수님이 결혼하지 않으셨다는 사실이 그분의 미성숙이나 불완전성을 나타내지 않습니다. 예수님의 온전함은 성령 충만함에서 드러나셨습니다. 따라서 각 사람의 온전함과 성숙 또한 성령의 충만함, 성령의 열매로 드러나는 것입니다.

결혼한다고 해서 불완전하고 미성숙한 사람이 온전해지는 것은 아닙니다. 그리스도인의 온전함은 결혼 여부가 아니라 하나님의 뜻에 순종하여 성령 충만함으로 드러나는 것임을 기억해야 합니다.

결혼이 한 인간의 완성이나 성숙의 척도가 된다고 믿는 것은 잘못된 사회적 통념이고 편견입니다. 그러므로 싱글을 차별하는 결혼 중심적 고정관념과 사회적 편견은 정당화될 수 없습니다. 예수님이 포로 된 자에게 자유를, 눌린 자를 자유케 하시기 위해 이 땅에 오셨음을 잊지 마십시오.

싱글과 결혼한 사람이 함께 행복한 세상을 꿈꾸며

현대 사회가 많이 변화되고 다양성과 포용성을 표방하고 있는 반면, 하나님의 사랑을 설파하는 교회는 여전히 문화 지체 현상을 보이며 수구적인 구석이 많습니다.

여성과 남성이 결혼을 통해 서로 힘을 합하여 잘 살고 하나님께 영광을 돌리는 삶은 귀합니다. 하지만 자발적 이유나 비자발적 이유로 결혼하지 않고 사는 사람들, 혹은 이혼이나 사별로 혼자 사는 사람들이 점차적으로 늘어나고 있는 사회 현실을 간과해서는 안 됩니다.

예수님은 눌린 자를 자유롭게 하시고 주의 은혜의 해를 전파하기 위해 이 땅에 오셨다고 말씀하셨습니다. 그리스도인은 결혼 중심 문화로 눌림 받는 싱글들이 자유를 누리도록 돕고, 이들이 주님의 은혜를 체험하며 하나님을 전심으로 섬길 수 있도록 도와야 합니다.

한편, 사람들이 겪는 근본적 외로움은 결혼하지 않기 때문에 오는 것이 아닙니다. 근본적인 인간 존재의 외로움은 하나님과 인간 사이의 관계가 깨졌을 때 발생합니다. 하나님과의 관계가 깨지고 회복되지 못해서 생긴 외로움은 결혼으로 해결되지 않습니다. 인간 존재의 근본적 외로움은 하나님과 관계를 회복할 때만 채울 수 있다는 사실을 명심해야 합니다.

교회 차원에서 본다면, 결혼한 그리스도인이 가족과 함께하는 것으로 말미암아 교회 공동체에 주는 유익이 있습니다. 그러나 다른 한편, 결혼한 사람들은 모든 것을 결혼 중심으로 생각하고 가족 중심의 공동체만을 만드는 한계를 보일 수 있습니다. 이제는 싱글 그리스도인들이 교회 공동체에 줄 수 있는 유익을 인정하고, 다양한 삶을 사는 사람들과 함께 공동체를 이끌어가야 합니다.

결혼한 사람들이 가족으로 말미암아 전적으로 주님의 일에 헌신하는 데 제한받을 수 있는 반면, 싱글 그리스도인들은 그 지점에서 다른 방식으로 교회 공동체를 섬기며 유익을 줄 수 있습니다. 싱글들은 가족에 매이지 않고 주님의 일을 하며, 사랑을 베푸는 데에도 가족을 넘어 헌신할 수 있는 유연성이 뛰어납니다.

이제 우리는 모든 사람이 각자 선 위치에서 교회 공동체에 유익을 줄 수 있음을 각성하고, 풍성한 교회 공동체를 만들기 위해 노력해야 합니다. 아울러 하나님이 사랑하는 싱글들이 현재의 삶을 소중히 여기고 잘 살아갈 수 있도록 배려하고 격려하며, 싱글과 결혼한 사람들이 공존하는 아름다운 교회 공동체가 되도록 힘쓰기를 기대합니다. 저는 그런 공동체를 꿈꿉니다.

이 책에서 소개한 책, 그리고 함께 읽을 만한 책

《결혼파업》, 윤단우, 위선오 지음, 모요사, 2010

《고잉 솔로 싱글턴이 온다》, 에릭 클라이넨버그 지음, 안진이 옮김, 더퀘스트, 2013

《교회 언니, 여성을 말하다》, 양혜원 지음, 포이에마, 2012

《교회 언니의 페미니즘 수업》, 양혜원 지음, 비아토르, 2018

《나 혼자도 잘 산다》, 이상화 지음, 시그널북스, 2013

《나는 독신이다》, 이봉호 지음, 스틱, 2015

《나의 페미니즘 공부법》, 하루카 요코 지음, 지비원 옮김, 메멘토, 2016

《누구나 혼자인 시대의 죽음》, 우에노 치즈코 지음, 송경원 옮김, 어른의시간, 2016

《단독비행》, 캐롤 M 앤더스 지음, 또하나의문화 옮김, 또하나의문화, 1998

《마흔 이후, 누구와 살 것인가?》, 캐런, 루이즈, 진 지음, 안진희 옮김, 심플라이프, 2014

《마흔 식사법》, 모리 다쿠로 지음, 박재현 옮김, 반니라이프, 2016

《먹고 마시고 그릇하다》, 김을희 지음, 어떤책, 2016

《비혼 여성, 1인 가구를 위한 가이드북 Plan B》, 언니네트워크, 2014

《비혼입니다만, 그게 어쨌다구요?》, 우에노 치즈코, 미나시타 기류 지음, 조승미 옮김, 동녘, 2017

《사려 깊은 수다》, 박정은 지음, 옐로브릭, 2016

《선택하지 않을 자유》, 이선배 지음, 허밍버드, 2016

《싱글? 하나님의 뜻》, 앨버트 쉬 지음, 임종원 옮김, 서로사랑, 2005

《하고 싶으면 하는 거지 비혼》, 김애순, 이진송 지음, 알마, 2019

《싱글로 산다》, 리즈 투칠로 지음, 김마림 옮김, 미메시스, 2016

《싱글리즘》, 벨라 드파울로 지음, 박준형 옮김. 슈나 2012

《아내 가뭄》, 애너벨 크랩 지음, 황금진 옮김, 동양북스, 2016

《아름다운 자신감》, 이그릿 트로비쉬 지음, 김성녀 옮김, IVP, 2005

《아무래도 아이는 괜찮습니다》, 사카이 준코 지음, 민경욱 옮김, 아르테,
2017

《아이 없는 완전한 삶》, 엘런 L. 워커 지음, 공보경 옮김, 푸른숲, 2016

《어쩌다 싱글》, 리나 아부잠라 지음, 손현선 옮김, 좋은씨앗, 2017

《오늘 허락된 선물》, 캐롤린 맥컬리 지음, 이지혜 옮김, IVP, 2009

《온갖 무례와 오지랖을 뒤로 하고》, 한국여성민우회, 2016

《우리가 살아가는 방법》, 벨라 드파울로 지음, 박지훈 옮김, RHK, 2016

《우리 같이 살래?》, 이유정, 하수진 지음, 허밍버드,, 2016

《저도 중년은 처음입니다》, 사카이 준코 지음, 조찬희 옮김, 바다출판사,
2016

《주말엔 숲으로》, 마스다 미리 지음, 박정임 옮김, 이봄, 2012

《혼자 산다는 것에 대하여 》, 노영우 지음. 사월의책, 2013

《혼자 살아가기》, 송제숙 지음, 황성원 옮김, 동녘, 2016

《혼자살기 9년차》, 다카기 나오코 지음, 박솔, 백해영 옮김, 매일경제신문사,
2012

《화려한 싱글, 돌아온 싱글, 언젠간 싱글》, 우에노 치즈코 지음, 나일 등 옮김,
이덴슬라벨, 2011